OS IRREDUTÍVEIS

Maio de 1968. As mobilizações estudantis ganham as ruas de Paris e recebem a adesão de trabalhadores. Na foto, estudantes marcham em direção à Renault, ocupada por grevistas.

OS IRREDUTÍVEIS

teoremas da resistência para o tempo presente

DANIEL BENSAÏD

Tradução
Wanda Caldeira Brant

Copyright © Daniel Bensaïd
Copyright desta edição © Boitempo Editorial, 2008

Coordenação editorial	Ivana Jinkings
Editores	An Paula Castellani
	João Alexandre Peschanski
Tradução	Wanda Caldeira Brant
Preparação	Mariana Echalar
Revisão	Marcio Honorio de Godoy
Diagramação e pesquisa iconográfica	Liliana Rodriguez e Auana Diniz
Capa	David Amiel
	(sobre *El 3 de mayo de 1808 en Madrid: los fusilamientos en la montaña del Príncipe Pío*, de Francisco de Goya)
Produção	Livia Campos

CIP-BRASIL. CATALOGAÇÃO-NA-FONTE
SINDICATO NACIONAL DOS EDITORES DE LIVROS, RJ.

B418i

Bensaïd, Daniel, 1946-
     Os irredutíveis : teoremas da resistência para o tempo presente / Daniel Bensaïd ; tradução Wanda Caldeira Brant. - São Paulo : Boitempo, 2008.
     (Marxismo e literatura)

     Tradução de: Les irréductibles : théorèmes de la résistance à l'air du temps
     ISBN 978-85-7559-107-9

     1. Filosofia marxista. 2. Comunismo. 3. Conflito social. 4. Classes sociais. I. Título. II. Série.

08-2305.   CDD: 320.01
                                                                         CDU: 321.01

É vedada a reprodução de qualquer
parte deste livro sem a expressa autorização da editora.

1ª edição: julho de 2008
1ª reimpressão: março de 2016

BOITEMPO EDITORIAL
Jinkings Editores Associados Ltda.
Rua Pereira Leite, 373
05442-000 São Paulo SP
Tel./fax: (11) 3875-7250 / 3872-6869
editor@boitempoeditorial.com.br | www.boitempoeditorial.com.br
www.blogdaboitempo.com.br | www.facebook.com/boitempo
www.twitter.com/editoraboitempo | www.youtube.com/tvboitempo

Para Jacques Hassoun e Daniel Singer,
resistentes irredutíveis no tempo presente.

Sumário

Prefácio à edição brasileira

OS IRREDUTÍVEIS SETE ANOS DEPOIS 9

Introdução

TEMPERATURA INSTÁVEL 19

Teorema 1

A POLÍTICA É IRREDUTÍVEL À ÉTICA E À ESTÉTICA 25

   Corolário 1. A história não é solúvel no tempo pulverizado,
nem o projeto no instante sem futuro 26

   Corolário 2. O lugar e o local não são solúveis no silêncio
assustador dos espaços infinitos 28

   Corolário 3. A contingência estratégica é irredutível
à necessidade econômica 28

   Corolário 4. O objetivo não é solúvel no movimento,
nem o acontecimento no processo 29

   Corolário 5. A crise não é solúvel na eternidade majestosa
das estruturas 30

   Corolário 6. A luta política é irredutível ao movimento social 31

Teorema 2

A LUTA DE CLASSES É IRREDUTÍVEL ÀS IDENTIDADES COMUNITÁRIAS 35

   Corolário 1. A discórdia social não é solúvel
na harmonia comunicacional 43

   Corolário 2. A diferença conflituosa não é solúvel
na diversidade indiferente 44

   Corolário 3. "O homem plural" não é solúvel
na humanidade em migalhas, nem o "eu múltiplo"
na desintegração do sujeito 53

   Corolário 4. A dominação não é solúvel na hegemonia 54

Teorema 3

A DOMINAÇÃO IMPERIAL NÃO É SOLÚVEL NAS BEATITUDES
DA GLOBALIZAÇÃO MERCANTIL 57

Corolário 1. A soberania democrática não é solúvel na
Humanidade com H maiúsculo 61

Corolário 2. O direito internacional não é solúvel na
"moralina" humanitária 61

Corolário 3. O bem comum da humanidade não é solúvel
na privatização do mundo 64

Corolário 4. A troca entre a espécie humana e seu ambiente natural
é irredutível à medida miserável dos mercados financeiros 69

Teorema 4

QUAISQUER QUE SEJAM AS PALAVRAS PARA EXPRESSÁ-LO, O COMUNISMO
É IRREDUTÍVEL ÀS SUAS FALSIFICAÇÕES BUROCRÁTICAS 71

Corolário. A democracia socialista não é solúvel
no estatismo burocrático 73

Teorema 5

A DIALÉTICA DA RAZÃO É IRREDUTÍVEL AO ESPELHO QUEBRADO
DA PÓS-MODERNIDADE 81

Corolário 1. A totalidade é irredutível a seus fragmentos esparsos 85

Corolário 2. O universal não é solúvel no particular 92

Corolário 3. O real não é solúvel no virtual, nem a busca da verdade
na inconstância das opiniões 93

Fermata

A CORRENTE INFLAMADA DA INDIGNAÇÃO NÃO É SOLÚVEL
NAS ÁGUAS MORNAS DA RESIGNAÇÃO CONSENSUAL 97

Sobre o autor 99

Prefácio à edição brasileira

OS IRREDUTÍVEIS SETE ANOS DEPOIS

Este livrinho foi publicado inicialmente em francês, em janeiro de 2001, ou seja, antes dos atentados de 11 de Setembro e do início da segunda Guerra do Golfo naquele mesmo ano. De certa maneira, ele é resultado de um seminário de reflexão realizado em 2000, no qual surgiu também o projeto da revista *Contretemps*. Partimos de uma constatação: o esgotamento do debate estratégico na esquerda em geral e na esquerda radical em particular. A socialdemocracia aliada a um liberalismo moderado produzia apenas banalidades apologéticas. Os partidos comunistas formados (ou deformados) no cadinho stalinista foram reduzidos à esterilidade teórica e condenados a uma lenta agonia. Corria-se, então, o risco de se contentar com o fato de se ter salvo a honra da esquerda ao se permanecer fiel a valores abandonados por essas grandes correntes históricas, o risco de se instituir guardiões conservadores de um templo deserto e o de se submeter à agenda ideológica ditada pelos dominadores.

Convencidos de que a herança não é uma coisa inerte ou um capital que se põe no banco, mas que ela existe e é apenas o que dela fazem (e farão) os herdeiros, inventariamos então as grandes questões que deveriam ser submetidas criticamente à prova do presente:

– O que pensar das políticas de emancipação e de seu futuro na época da mercantilização do mundo, do despotismo do mercado e da sociedade do espetáculo como estágio supremo do fetichismo do dinheiro?

– O que pensar da luta de classes, na época do aumento da força de um individualismo sem individualidade, da desfiliação social e nacional, de seres sociais cujas identidades plurais ameaçam fragmentar-se?

– O que pensar das formas de dominação e de dependência, dos Estados-nação e da hegemonia imperialista que alguns dizem em via de extinção no "espaço plano" do cosmopolitismo mercantil?

– A idéia de um futuro comunista da humanidade morreu com o aniquilamento de suas caricaturas burocráticas e com o encerramento do que alguns historiadores definem como "o curto século XX"?

– O desequilíbrio ecológico do mundo é controlável pelas terapias brandas de uma ecologia ambiental ou, ao contrário, é indispensável ir à sua raiz: a desmedida e os maus-tratos contra o mundo imputáveis à irracionalidade crescente da lógica capitalista?

– O que pensar, enfim, dos antiiluministas pós-modernos, cujo processo legítimo da razão instrumental e os acalantos de um progresso histórico de mão única redundam, às vezes, em um novo obscurantismo e em um aniquilamento dos horizontes de esperança?

Os irredutíveis (ou *Teoremas da resistência para o tempo presente*) constitui a exposição sintética desse programa de pesquisa. Sete anos depois, certamente se encontra inacabado (e inacabável, pois a crítica de um mundo em movimento acelerado não se permitiria a menor pausa), mas o compromisso inicial foi mantido. Como testemunho, as questões tratadas nos 22 números da revista *Contretemps*: sobre as sociologias críticas, as classes sociais e suas metamorfoses, as relações de gênero, os estudos pós-coloniais, a crítica da propriedade, as novas guerras santas e a globalização armada, o imperialismo e as nações, o iluminismo e o antiiluminismo, o estado em que se encontram a esquerda e os estudos marxistas, a ecologia social e a questão do decrescimento etc.

Muita coisa se passou durante os sete anos decorridos desde a primeira publicação de *Les irréductibles*. Algumas perguntas começaram a ser respondidas. Algumas dúvidas foram levantadas. Os termos de alguns debates evoluíram[1].

Havíamos partido de uma constatação. A derrota histórica das grandes esperanças do século XX traduzia-se, na entrada do novo milênio, por um estreitamento dos horizontes de esperança e uma retração da temporalidade histórica em torno de um presente empobrecido. A pane de projetos estratégicos

---

[1] Eu mesmo tentei uma síntese deles em *Éloge de la politique profane* (Paris, Albin Michel, 2008).

alternativos estava em relação evidente com esse contexto. Na verdade, como compreendeu muito bem Guy Debord, visão histórica e razão estratégica encontram-se estreitamente associadas. De tal maneira que um movimento que sofra de um grave déficit de conhecimentos históricos não "pode mais ser conduzido estrategicamente".

Desde 2001, com a invasão do Iraque, a dinâmica bolivariana na América Latina, a emergência do movimento altermundialista, alguma coisa foi recolocada em curso. Com dificuldade, com toda a certeza lentamente, mas as portas do futuro estão de novo entreabertas. As profecias de Fukuyama sobre o fim da história não deram em nada. E a euforia triunfalista liberal não durou dez anos. A propósito disso, é significativa a confissão de malogro feita por Jürgen Habermas:

> Desde 11 de Setembro, não paro de me perguntar se, diante de acontecimentos de tamanha violência como essa, toda a minha concepção de atividade orientada para o consenso, aquela que desenvolvo desde a *Theorie des kommunikativen Handelns* [Teoria da ação comunicativa], não está prestes a cair no ridículo.

De fato. Longe de sair apaziguado do aniquilamento do totalitarismo burocrático, o mundo tornou-se mais desigualitário e mais violento. A exceção e a regra misturam-se de maneira inextricável. E George Bush filho declarou um estado de guerra ao terrorismo ilimitado no tempo e no espaço.

Portanto, alguma coisa foi bem encerrada com a queda do muro de Berlim, a desintegração da União Soviética, os atentados do 11 de Setembro e a nova Guerra do Iraque. Mas o quê? O "curto século XX" inaugurado pela Primeira Guerra Mundial e pela Revolução Russa, sem dúvida. Mas, provavelmente, também se esgotou o paradigma da modernidade política, inaugurada no século XVII pelas revoluções inglesa e holandesa. Sob o choque da globalização capitalista, as noções de nação, território, povo, soberania e cidadania foram abaladas, assim como os parâmetros do direito internacional interestatal. Abaladas, mas não ultrapassadas. Vivemos essa grande transição, esse grande intervalo entre dois extremos, entre o "não mais" e o "ainda não", em que o antigo não acabou de morrer enquanto o novo pena para nascer e corre o risco de perecer antes mesmo de ter vivido.

Essa situação de transição constitui "um momento utópico", como foi, de outra forma, o período da Restauração dos anos 1820-1840, que viu fermentar tantos sonhos do futuro e de fantasmagorias sociais, de Fourier a Saint-Simon, passando por Cabet e Owen. O filósofo Henri Lefebvre definia a utopia como "o senso não-prático do possível", em outras palavras, como uma possibilidade prevista, cujo conteúdo continua indeterminado e da qual se ignoram sobretudo os meios de atingi-la.

Talvez, se olharmos pelo retrovisor, esses anos de transição possam ser percebidos como um momento semelhante ao dos encontros apaixonados dos fóruns sociais, em que fervilham idéias de um outro mundo possível, que as relações de forças políticas degradadas pelas derrotas acumuladas das lutas de emancipação tornam inacessível atualmente. No entanto, começa-se a perceber que esse momento de ilusão, de acordo com a qual os movimentos sociais constituem uma resposta suficiente para a crise da política, de acordo com a qual as lógicas de hegemonia são solúveis na experimentação local e nos contrapoderes em miniatura, de acordo com a qual se trata, a partir de agora, de "mudar o mundo sem tomar o poder", está esgotado. *Mudar o mundo sem tomar o poder*[*], esse título-programa do livro de John Holloway, que pretendeu teorizar, em 2002, a experiência zapatista do México, teve uma indiscutível repercussão nas novas esquerdas, principalmente na América Latina. Mas, diante das questões concretas colocadas pelas dificuldades do processo de transformação social na Venezuela, na Bolívia e no Equador, ele não ajuda muito a procurar e a encontrar respostas. No próprio México, depois das lutas de 2006 contra a fraude eleitoral e a repressão, após a Comuna de Oaxaca, os termos do debate evoluíram e a revista zapatista *Rebeldía*, em seu número do verão de 2007, abriu uma polêmica violenta contra as teses de Holloway.

A idéia de que o velho movimento operário perdera seu isomorfismo em relação ao aparelho do Estado burguês (por ter reproduzido as mesmas formas de concentração e de comando) leva, hoje, à constatação de que "o novo movimento social" rizomático e acéfalo é também "isomorfo" ao capitalismo liberal, à "sociedade líquida", à fluidez da circulação mercantil e monetária. Prova de que não é possível escapar, por simples decreto da vontade, dos efeitos concretos da subalternidade, e de que não é possível escapar, por uma mudança

---

[*] John Holloway, *Mudar o mundo sem tomar o poder: o significado da revolução hoje* (São Paulo, Viramundo, 2003). (N. E.)

de vocabulário, do léxico dos dominantes se a realidade das relações de forças não for alterada.

Em sete anos, algumas controvérsias do fim do século passado foram esclarecidas ou se tornaram inoportunas. Alguns autores, como Mary Kaldor, sustentaram então que o fim da Guerra Fria marcava o advento de um "imperialismo ético ou benevolente". Outros afirmaram que a própria noção de imperialismo e as hierarquias da dominação foram dissolvidas no cosmo-politismo mercantil de um espaço plano e homogêneo. A campanha a favor do direito de ingerência humanitária contra as soberanias nacionais e contra o di-reito internacional em vigor foi simplesmente o prolongamento dessa nova visão do "*nomos* da terra". Os bombardeios contra a Sérvia sem declaração de guerra e, depois, a invasão unilateral do Iraque sem nenhum mandato internacional foram os trabalhos práticos. Na época da intervenção da Otan nos Bálcãs, Tony Blair e seus pares colocaram em prática a nova retórica da "guerra ética" ou da "guerra humanitária", cuja verdadeira face seria revelada por Guantánamo e Abu Ghraib.

Por outro lado, autores decididamente engajados na esquerda sustentaram uma tese semelhante, que via na globalização um passo para um mundo sem fronteiras[2]. Mas foram sobretudo Michael Hardt e Antonio Negri que sistema-tizaram, um ano antes dos atentados de 11 de Setembro, a tese segundo a qual a organização hierarquizada de um mundo de Estados-nação sob a hegemonia de um imperialismo estatal dominante (ou de vários) estava em via de dissolução em um novo império desterritorializado e sem centro, que seria simplesmente a dominação direta do capital transnacional sobre as novas plebes ou multidões nômades. A controvérsia não era puramente teórica. Teve seus testes práticos. Assim, os autores defenderam, em 2005, a aprovação por referendo do Tratado Constitucional Europeu, embora claramente liberal e imperial, porque um espaço continental, qualquer que fosse ele, constituiria necessariamente um progresso em relação à defesa de direitos sociais inscritos em relações de forças nacionais. O mesmo argumento deveria tê-los levado logicamente a considerar também que a reivindicação dos governos de Hugo Chávez ou Evo Morales

---

[2] Ver Peter Gowan, "The new liberal cosmopolitanism", *Contretemps,* Paris, Textuel, n. 2, 2001.

por soberania energética e alimentar era reacionária. Felizmente, não foi nada disso. Mais exatamente, Antonio Negri, em *Global*[3], seu livro sobre a América Latina em co-autoria com Giuseppe Cocco, passou para o outro lado, colocando no mesmo saco as políticas de Chávez, Morales (talvez, hoje, Correa), Lula e Kirchner.

No entanto, a invasão do Iraque em 2003, por meio de uma coalizão, deveria provocar uma reflexão crítica sobre a dinâmica real da globalização mercantil e o aumento da força de um liberalismo autoritário em que os Estados territoriais, longe de desaparecerem, vêem suas funções militares e penais crescerem à medida que sua função social se deteriora. Robert Cooper, conselheiro de Tony Blair para a "guerra ética" e, em seguida, de Javier Solana na direção da Otan, tornou-se, aliás, o defensor sem complexos de um "novo imperialismo liberal", apoiado em um "Estado pós-moderno", e também de um "imperialismo de vizinhos" que vela pelas periferias do mundo (Bálcãs, Chechênia), impõe seus protetorados e instala seus procônsules e outros sátrapas locais em todos os continentes.

A nova fase de acumulação do capital globalizado, na verdade, implica uma reorganização dos espaços e territórios, um deslocamento de fronteiras e a construção de novas muralhas de segurança (contra os palestinos ou na fronteira mexicana), mais do que sua abolição em benefício de um mercado único "sem fronteiras". A tragédia dos migrantes é a prova disso. E isso de acordo com a lei, sempre em vigor, do "desenvolvimento desigual" cada vez mais mal combinado com a acumulação capitalista. Como escreveu muito bem David Harvey,

---

[3] Antonio Negri e Giuseppe Cocco, *Glob(AL) – biopoder e luta em uma América Latina globalizada* (Rio de Janeiro, Record, 2005). Vários autores, entre eles Joaquim Hirsch, Atilio Boron, Michael Löwy, Claudio Katz, Alex Callinicos, passaram as teses de *Império* (Rio de Janeiro, Record, 2001) pelo crivo da crítica marxista. Por minha vez, dediquei-lhes uma série de artigos na revista *Contretemps*, alguns retomados numa edição em espanhol (*Clases, Plebes, Multitudes*, Santiago do Chile, Palinodia, 2006; e Caracas, El Perro y la Rana, 2006). Muitas vezes foram os mesmos autores que combateram as teses de Holloway. Embora existam diferenças notórias entre eles, Negri e Holloway se inspiram de fato em um aparato conceitual de Deleuze e de Foucault, vulgarizado e empobrecido. Ver John Holloway e outros, *Contra y mas alla del Capital* (Buenos Aires, Herramienta, 2006), que apresenta uma coletânea das principais críticas dirigidas ao livro de Holloway e sua resposta.

é impossível compreender a coerência dos conceitos de globalização, neoliberalismo e imperialismo, se não se levar em conta as mudanças ocorridas nos últimos trinta anos nas dinâmicas relativas ao espaço e ao tempo, determinadas pela dinâmica da acumulação do capital. O duplo imperativo de reduzir seu tempo de rotação e eliminar suas barreiras espaciais envolve inovações tecnológicas e institucionais que têm como efeito modificar o contexto espacial no qual se exercem os poderes territoriais.[4]

Essa dinâmica é profundamente desigualitária, como testemunham, ano após ano, os relatórios do Pnud [Programa das Nações Unidas para o Desenvolvimento]. Os Estados Unidos, a União Européia e o Japão açambarcam 90% das patentes. Os Estados Unidos cobrem sozinhos 60% das despesas mundiais com armamento, mas a Inglaterra, a França e Israel mantêm uma boa colocação nessa corrida da indústria do massacre. O mecanismo da dívida continua a transferir riquezas do Sul para o Norte e a servir de correia de transmissão para sujeitar as classes dominantes locais aos interesses imperialistas supremos. A nova divisão internacional do trabalho reproduz novas formas de dependência econômica, tecnológica e cultural em relação aos centros da acumulação.

Em contrapartida, os sete anos decorridos confirmaram o que inabilmente se denomina a "volta do religioso", como se tratasse de uma volta à tona de arcaísmos reprimidos. Sustentou-se que os monoteísmos haviam nascido do deserto. As novas místicas reagem às formas modernas de desolação social e moral do mundo, assim como às incertezas sobre a maneira de habitar politicamente um mundo em convulsão. Não são, como se ouve muito freqüentemente, "velhos demônios" que voltam, mas demônios perfeitamente contemporâneos, nossos demônios inéditos, nascidos das núpcias bárbaras entre o mercado e a técnica.

Quando a política está em baixa, os deuses estão em alta. Quando o profano recua, o sagrado tem sua revanche. Quando a história se arrasta, a Eternidade levanta vôo. Quando não se querem mais povos e classes, restam tribos, etnias, massas e maltas anômicas. No entanto, seria errôneo acreditar que essa volta da

---

[4] Ver principalmente dois livros publicados em 2003: o de David Harvey, *New imperialism* (Oxford, Oxford University Press) [ed. bras.: *O novo imperialismo*, São Paulo, Loyola, 2004] e o de Ellen Wood, *Empire of capital* (Londres, Verso).

chama religiosa seria particularidade dos bárbaros acampados sob as muralhas do Império. O discurso dos dominantes não é menos teológico, como mostra o *revival* de seitas de todos os gêneros nos próprios Estados Unidos. Quando George Bush, no dia seguinte ao 11 de Setembro, falou de "cruzada" contra o terrorismo, não se tratava de um lapso infeliz. Quando se pretende conduzir não mais uma guerra de interesses contra um inimigo com o qual será preciso acabar negociando, mas uma guerra do Bem absoluto contra o Mal absoluto (com o qual se diz que não se pode negociar), trata-se de uma guerra santa, de religião ou de "civilização". E quando o adversário é apresentado como uma encarnação de Satã, não é de espantar que ele seja desumanizado e bestializado, como em Guantánamo ou em Abu Ghraib.

Não é de espantar também que a exceção e a regra estejam então inextricavelmente misturadas. Que se conceba assumir abertamente a "tortura preventiva" (corolário lógico da "guerra preventiva"); que se vejam banalizar-se as *extraordinaries renditions* ("rendições extraordinárias") e os lugares de detenção desterritorializados; que se possam assumir as "execuções extrajudiciais", como já fazem há muito tempo alguns dirigentes israelenses em relação ao assassinato de palestinos. A retórica religiosa penetra também um discurso judicial no qual as disposições antiterroristas apelam cada vez mais para as noções de arrependimento, penitência, abjuração, outrora em vigor nos processos de acusação de feitiçaria ou nos processos da Inquisição.

Aí estão os indícios de uma crise de hegemonia de importância histórica. A privatização generalizada do mundo (não só da produção e dos serviços, mas também do espaço, da informação, do direito, da moeda, da violência, dos conhecimentos e do organismo vivo pela corrida ao registro de patentes) a cada dia que passa gera mais miséria, desigualdades e brutalidades. A alternativa "socialismo ou barbárie" é ainda bem mais premente do que era no início de um século XX destinado a se tornar o dos "extremos". À lógica da concorrência de todos (e todas) contra todos (e todas), cuja forma final é a guerra global, deve se opor uma lógica da solidariedade, do serviço público, do bem comum da humanidade. Em outras palavras, a questão da propriedade, como os pioneiros do socialismo e do comunismo a compreendiam desde meados do século XIX, está mais do que nunca no cerne da questão social. Nos anos 1830 e 1840, o fim das formas "híbridas e incertas" de propriedade, o desapossamento dos pobres de seus direitos habituais foi a condição de seu lançamento sem defesa no mercado impiedoso do trabalho urbano em formação[5]. No entanto, hoje, a nova onda de *enclosures* relativos aos serviços, ao conhecimento ou ao organismo vivo tem, por corolário, uma ofensiva planetária do capital contra todas as formas de garantias e de proteção social, em matéria de salário, emprego, habitação, aposentadoria, educação e saúde pública.

É em torno dessas questões que surge um novo divisor de águas entre uma esquerda alinhada ou resignada ao acompanhamento do liberalismo e uma nova esquerda decidida a enfrentar os desafios de um novo século, no qual o que está em jogo é nada mais nada menos do que saber que planeta queremos habitar e que humanidade queremos nos tornar.

Paris, dezembro de 2007

---

[5] Ver Daniel Bensaïd, *Les dépossédés* (Paris, La Fabrique, 2007).

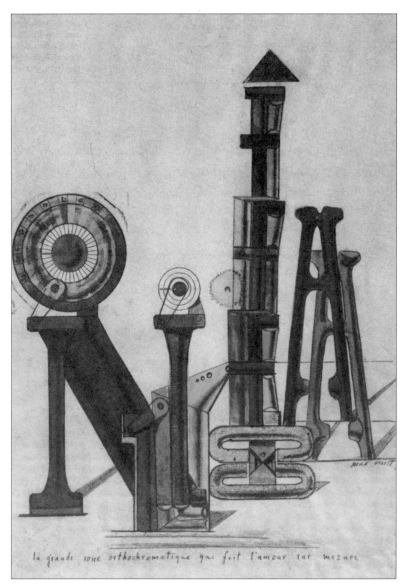

Max Ernst, *A grande roda ortocromática que faz amor sob medida* (1919), frottage a lápis sobre blocos de impressão e bico-de-pena, aquarela e guache sobre papel. O pintor é um dos principais ícones do surrealismo, movimento influenciado pelas pesquisas de Freud.

Introdução

TEMPERATURA INSTÁVEL

Em sua *Confession d'un enfant du siècle* [Confissão de um filho do século], Musset evoca "algo vago e flutuante" que marca a passagem entre dois mundos, entre um passado jamais destruído e um futuro incerto. O tempo histórico parece então se estreitar em torno de um presente reduzido ao instante que passa. Uma geração desencantada atravessa a época "encolhida sob o manto dos egoístas". Nada de grandes promessas nem de grandes ambições: nesse "mar medonho da ação sem objetivo", o momento é de desesperança, de cinismo dos vencedores, de prazeres miúdos e de pequenas virtudes.

Foi um tempo de reação e de restauração. Vivia-se apenas de migalhas e de destroços. "O ecletismo é que nos agrada", lamentava o poeta. Confrontados a novas reações e a novas restaurações, nós, por nossa vez, fomos condenados a essas migalhas e a esses destroços? Fomos reduzidos ao minimalismo e à miniatura, ao pensamento modesto e fraco, aos prazeres efêmeros e às ações sem objetivo? Fomos destinados à redução e ao estreitamento, à retração no próximo e no local, à vertigem do longínquo, como se o conforto caseiro fosse a contrapartida e o refúgio dos grandes espaços globalizados?

Essas questões estão no centro da querela da pós-modernidade. Pós-moderno: termo vago; o prefixo sugere uma nova era sem novidades, cuja única característica seria vir depois. Mas depois do quê? Depois da modernidade, é claro! Quando começa a modernidade? Com a revolução de Galileu e a invenção das ciências modernas, respondem uns. Com a Revolução Francesa, o advento da Razão e os sortilégios do Progresso, preferem outros. Com a Revolução Industrial e a produção em massa, dizem terceiros. Aliás, a paternidade do termo não foi atribuída a Baudelaire?

Na era da industrialização em massa, da organização taylorista do trabalho e do reino da fada eletricidade, o modernismo teria expressado uma resistência à extensão da dominação mercantil às produções culturais. Não uma hostilidade à técnica e às máquinas como tais (celebradas tanto pelos futuristas quanto por alguns cubistas), mas um protesto contra a despersonalização do laço social, a reificação generalizada e a era dos loucos solitários. Ilustrada pela pintura não figurativa, pelo expressionismo, pela nova poesia lírica ou pelo cinema de autor do período entre as duas grandes guerras, a revolução modernista constituiria então uma reação cultural à modernização capitalista.

Portanto, o modernismo acreditou poder opor uma última resistência ao triunfo absoluto da mercadoria. A Arte com A maiúsculo parecia oferecer um último refúgio à gratuidade antiutilitária e ao desejo de eternidade. No entanto, ela constituía a sombra projetada do fetichismo da mercadoria e o último suspiro contra o consumo padronizado. A pós-modernidade aparece, assim, como o triunfo absoluto da mercadoria na própria esfera cultural e artística.

"O modernismo foi a experiência e o resultado de uma modernização incompleta", resume Fredric Jameson. O pós-modernismo surge "quando o processo de modernização não tem mais de se desembaraçar das características arcaicas, não tem mais obstáculos diante dele, e faz sua própria lógica reinar triunfalmente"[1]. Nós estaríamos no limiar de uma nova época caracterizada pela reprodução técnica da obra de arte, pelo desenvolvimento de uma arte propriamente midiática, pela emergência de uma nova ordem comunicacional e pelo nascimento de uma nova linguagem digital.

Essas tentativas de periodização privilegiam mais um critério estético do que econômico, social ou político. Mesmo que Fredric Jameson ou David Harvey se distingam por seu esforço para estabelecer uma articulação coerente entre esses campos, o fluxo e a onda dos conceitos estão relacionados a essa abordagem cultural. A inoportuna utilização do "pós" reforça o equívoco cronológico.

---

[1] Fredric Jameson, *Postmodernism, or The cultural logic of late capitalism* (Londres, Verso, 1991), p. 366. [Ed. bras.: *Pós-modernismo: a lógica cultural do capitalismo tardio*, 2. ed., São Paulo, Ática, 1997.] Ver também Francisco Louçã, *A maldição de Midas: a cultura do capitalismo tardio* (Lisboa, Cotovia, 1994).

Para não correr o risco de utilizar essas noções imprecisas, melhor seria concebê-las como tendências complementares e contraditórias, o avesso e o direito da lógica cultural do capitalismo, seja ele juvenil ou senil, precoce ou "tardio". Dessa maneira, percebemos melhor a recorrência de uma temática pós-moderna – como "o gosto pelo ecletismo" revelado por Musset – nas fases de derrota doentia e de depressão política, assim como a ambivalência de um autor como Marx, em cuja obra as duas tendências coexistem de maneira notável.

Em uma atmosfera impregnada de um sentimento de dissolução generalizada (tudo se esvai!), de depressão do futuro e de anemia histórica, a questão agora é saber que parte cabe a uma nova revolução tecnológica e cultural, e que parte cabe ao efeito propriamente político das derrotas infernalmente repetidas, cuja amargura assombrava as noites de Musset durante a Restauração, encontrava-se na melancolia de Baudelaire após 1848 e povoava o pesadelo de Blanqui e de sua "eternidade pelos astros" após o aniquilamento da Comuna de Paris.

Alguma coisa foi bem encerrada com o século. Mas o quê? O "curto século" de que falam os historiadores, iniciado com a Primeira Guerra Mundial e finalizado com a queda do Muro de Berlim? O período aberto pela Segunda Guerra Mundial, pela bipolaridade da Guerra Fria e pela acumulação fordista nas metrópoles industriais? Ou ainda um grande ciclo da história do capitalismo, inaugurado pela expansão impetuosa da segunda metade do século XIX, pelas conquistas coloniais e pela emergência do imperialismo moderno, pela formação de um movimento operário de massa com a criação da I e da II Internacional?

Os grandes debates estratégicos sobre a emancipação social datam, em grande medida, do período anterior à Primeira Guerra Mundial. Quer se trate da análise do imperialismo (com as contribuições de Hilferding, Bauer, Rosa Luxemburgo, Lenin, Parvus, Trotski, Bukharin); da questão nacional (com as teses mais uma vez de Rosa Luxemburgo, Lenin, Bauer, Ber Borokhov, Pannekoek, Strasser); das relações entre partidos e sindicatos e do parlamentarismo (com os textos de Rosa Luxemburgo, Georges Sorel, Jaurès, Domela Nieuwenhuis e Lenin); ou ainda dos "caminhos do poder" (com as polêmicas entre Bernstein, Kautsky, Rosa Luxemburgo, Lenin, Trotski).

Essas controvérsias são constitutivas da história contemporânea da mesma maneira que aquelas sobre a dinâmica conflituosa entre revolução e contra-revolução no período entre as duas grandes guerras: guerra de posição e guerra de movimento, frente única, alianças políticas, análises do fascismo, dinâmica da revolução colonial, questão nacional e internacionalismo. Para além das diferenças e das oposições freqüentemente implacáveis, o movimento operário daquela época tinha ainda uma cultura e uma linguagem comuns. Hoje, trata-se de saber o que permanece dessa herança sem dono nem manual. Perry Anderson considera que, desde a Reforma de Lutero, jamais o mundo ficou tão sem alternativas à ordem dominante[2]. A situação atual caracteriza-se sobretudo pelo desaparecimento de um movimento operário internacional independente.

Eis que embarcamos em uma transição incerta, em que o velho agoniza sem ser abolido, o novo pena para eclodir, entre um passado não ultrapassado e a descoberta balbuciante de um novo mundo em gestação. Nessa passagem difícil, a tentação de se apegar a poucas conquistas de eficácia comprovadamente polêmica seria tão estéril quanto aquela da tábula rasa, que pretenderia (re)começar tudo a partir do nada. É com o antigo que realmente se faz o novo.

Mas sempre se está sujeito a parceiros e adversários. Ora, o debate estratégico atinge hoje seu grau zero, como se o futuro tivesse de se reduzir a uma repetição infernal da ordem existente e a história, de se imobilizar em uma eternidade mercantil. Na França, a retórica da esquerda pluralista, cuja ambição se limita desde já à gestão prosaica de um presente sem futuro, reflete-se na própria apatia dos discursos de resistência, no gosto evasivo pelo eufemismo e pela perífrase. Sem dúvida, têm-se os interlocutores que se merecem.

Fomos designados então a uma dupla responsabilidade, de transmissão de uma tradição ameaçada de conformismo e de invenção audaciosa de um futuro incerto. De acordo com o senso comum midiático, é sempre melhor ser aberto do que fechado, leve do que pesado, flexível do que rígido. No entanto, em toda teoria, a desconfiança em relação aos entusiasmos volúveis e aos efeitos de moda exige sérias refutações antes de se pôr em questão um paradigma fecundo. Não se trata de conservar piedosamente um capital doutrinário, mas de enriquecer e transformar uma visão do mundo à prova de práticas renovadas.

O movimento operário internacional constituiu-se na segunda metade do século XIX com uma dupla relação – de continuidade e de ruptura – no que diz respeito à herança do Iluminismo e da Revolução Francesa. A contra-reforma

---

[2] Perry Anderson, "Renewals", *New Left Review*, n. 1, jan. 2000.

liberal atual não mira somente a questão básica da Revolução e a idéia comunista. Servindo-se do argumento das desilusões do progresso, das aporias da razão pura e da crise da universalidade, ela ataca as fontes intelectuais, racionalistas e republicanas da modernidade. Essa ofensiva alia, de maneira diversa, a redução da realidade a "ficções verbais", uma crítica imprecisa do cientificismo e uma redução minimalista ao "pensamento fraco".

Em um mundo mercantil, onde tudo vale e se equivale, essa "crise de veracidade" (até a renúncia à própria idéia de verdade) é propícia ao cinismo e à indiferença. As retóricas negacionistas constituem a manifestação extrema e escandalosa dessa "perda do caráter real" da história e dessa "destruição da razão".

O "potencial devastador" da crise da cultura abala efetivamente as convicções herdadas do Século das Luzes. É, diz Paul Ricoeur, "a autocompreensão de toda uma época que está em jogo por ocasião do debate em torno da verdade na história". Haveria "no projeto de curto-circuitar o trabalho crítico da história" uma intimação exagerada ao "dever de memória". Na verdade, sofremos a ameaça de uma patologia da memória, atravancada como um velho antiquário, uma idolatria mortífera da lembrança ruminada até o ressentimento, entre impossíveis arrependimentos e imperdoáveis omissões. Ricoeur propõe também substituir esse dever pelo "trabalho de memória". Ele enfatiza, como outrora Walter Benjamin, a dinâmica da "evocação", da "rememoração" ou da reconstituição, mais do que a "estática da lembrança".

Diante das loucuras nas quais o século XX foi pródigo, não se trata de se recolher à Linha Maginot do racionalismo clássico e ao seu ideal de verdade, mas de encarar o desafio da pós-modernidade admitindo sua parte pertinente. As categorias razão, progresso, história ou universalidade têm tudo a ganhar ao aceitar a prova da catástrofe e do desastre.

Essa é a proposta destes teoremas da resistência para o tempo presente, cujo enunciado insiste deliberadamente no momento necessário do negativo:

a política é irredutível à ética e à estética;
a luta de classes é irredutível às identidades comunitárias;
a dominação não é solúvel nas beatitudes da globalização mercantil;
quaisquer que sejam as palavras para expressá-lo, o comunismo é irredutível às suas falsificações burocráticas;
a dialética da razão é irredutível ao espelho quebrado da pós-modernidade.

Diferentemente de postulados indemonstráveis, que supõem o consentimento do interlocutor, ou de axiomas que apelam para a força da evidência, trata-se de proposições demonstráveis. Com seus corolários e seus escólios, esses "irredutíveis" e "insolúveis" constituem uma crítica do caldeirão de cultura pós-moderna e dos novos ídolos de cinzas[3].

---

[3] Agradeço a Christophe Aguiton, Sébastien Budgen, Alex Callinicos, Philippe Corcuff, Samuel Joshua, Eustache Kouvelakis, Michael Löwy, Francisco Louçã, Stavros Tombazos, Slavoj Žižek, assim como a Alfred de Musset e Auguste Blanqui, pela contribuição que deram, por meio de seus escritos ou de sua conversa, para este pequeno ensaio.

Teorema 1

A POLÍTICA É IRREDUTÍVEL À ÉTICA E À ESTÉTICA

Hannah Arendt temia que a política viesse a "desaparecer completamente do mundo" não só pela abolição totalitária da pluralidade, mas também por sua dissolução nas águas glaciais do cálculo egoísta. A tendência à despolitização do presente confirma esse medo. O espaço público está laminado entre as pressões do horror econômico e as lamentações de um moralismo abstrato. Esse depauperamento da política e de seus atributos (o projeto, a vontade, a ação coletiva) impregna o jargão da pós-modernidade. Para além dos efeitos da conjuntura, a partir do momento em que as metamorfoses do trabalho e a inquietação ecológica evidenciam os maus-tratos contra o mundo, trata-se exatamente de um mal-estar e de uma crise na civilização.

O culto moderno do progresso baseou-se mais em uma cultura do tempo e do futuro do que do espaço. Reduzido a um papel secundário, o espaço era sinônimo de morte e imobilidade. Opunha-se à capacidade criadora do tempo vivo. O sentimento estimulante da rapidez, que vai além do desempenho das técnicas, tem seu segredo. As rotações demoníacas do capital revolucionam sem cessar as condições de sua valorização. Essa vertigem da aceleração comprime o tempo no momento e apaga os lugares na dilatação dos espaços.

A estetização da política constitui uma resposta recorrente às crises da democracia. O entusiasmo pelo local e pelas proximidades, a busca das origens, o acúmulo ornamental e o simulacro da autenticidade revelam, de fato, a angústia contemporânea diante da incerteza da ação política. Desde a cidade grega, a política envolvia uma escala determinada de espaço e de tempo, simbolizados pelo perímetro da cidade e pelo ritmo dos mandatos eletivos.

Hoje, evoca-se com cada vez mais freqüência a cidadania, porque a cidade e o cidadão são maltratados pela desorganização geral das escalas e dos ritmos.

O moralismo bem-pensante esforça-se, assim, para recuperar rapidamente o que uma política desmoralizada deixa escapar. Essa secreção intensa de suores éticos é característica dos períodos de medo e impotência, em que a ação busca suas justificativas ora aquém ora além da política. Contra essas efusões, Freud observou sobriamente que uma mudança de atitude dos homens em relação à propriedade seria mais eficaz do que qualquer preceito ético, que nada mais tem a nos oferecer além da satisfação narcisista de podermos nos considerar melhor do que os outros.

No entanto, continuamos a viver "num período em que existem cidades e em que se coloca o problema da política porque pertencemos a esse período cósmico no qual o mundo foi abandonado à sua sorte"[1]. Portanto, não estamos livres da política enquanto arte profana do tempo e do espaço, enquanto esforço obstinado para recriar os limites do possível em um mundo sem deuses.

Corolário 1

A história não é solúvel no tempo pulverizado, nem o projeto no instante sem futuro

A rejeição pós-moderna das "grandes narrativas", aquelas do Iluminismo, assim como as da epopéia proletária, não significa somente uma crítica legítima das ilusões do progresso associadas ao despotismo da razão instrumental. Ela indica também uma desconstrução da historicidade, uma corrida ao culto do imediato, do efêmero, do descartável. Nesses tempos desabusados, de ilusões sem ilusão e de políticas apolíticas, nesses tempos de "crueldade melancólica", em que não se desenvolvem mais projetos e programas, a grande desilusão não é mais libertadora, mas destrutiva dos próprios fundamentos da cultura[2]. Na combinação dos tempos sociais, a temporalidade política deve continuar aquela

---

[1] Cornelius Castoriadis, *La politique de Platon* (Paris, Seuil, 1999).

[2] Ver Jacques Hassoun, *Actualités d'un malaise* (Toulouse, Érès, 1999).

do meio-termo, entre o instante fugidio e a eternidade inacessível. Ela exige, a partir de então, uma escala móvel do tempo e da decisão.

Escólio

– Como vai o mundo, senhor?

– Rápido, senhor! Tão rápido que a política e a história não conseguem mais acompanhá-lo. Elas foram subitamente afetadas pela rapidez!

Considerar o efeito como causa é característica desses comportamentos mágicos do mundo. Em um livro recente, Jean-Marc Salmon extasia-se diante dos prodígios de um *Monde à grande vitesse* [Um mundo em alta velocidade][3]. Para esse pensador-tgv[*], a aceleração não tem de ser explicada, uma vez que se explica pela rapidez, assim como o sono é explicado pelas virtudes soníferas da camomila ou do ópio! A internet cria a globalização. A rapidez cria a riqueza e, para completar, a felicidade! Internet, a globalização. A tecnologia rege a orquestra.

O artigo do *Libération* que explica essa descoberta surpreendente lembrou o percurso do autor, "um homem de esquerda que não se incomoda com nostalgias":

> Ex-maoísta de maio de 1968, ex-participante do movimento SOS Racismo e da Marche des Beurs, ex-participante do movimento contra o desemprego AC!, ex-membro da associação Droit au Logement [Direito à moradia], ex-militante do Partido Socialista e de sua corrente Esquerda Socialista, ex-assessor de Daniel Cohn-Bendit na época das eleições européias...[**]

Essas mudanças sucessivas mereceriam um camaleão de ouro e uma entrada triunfal no *Dictionnaire des girouettes* [Dicionário dos cata-ventos], concebido por Prosny d'Eppe em 1831.

---

[3] Jean-Marc Salmon, *Un monde à grande vitesse* (Paris, Seuil, 2000). Ver *Libération*, 10/11/2000.

[*] Sigla de *train à grande vitesse*: trem de alta velocidade. (N. T.)

[**] Marche des Beurs: marcha contra o racismo e pelo reconhecimento e integração dos filhos de imigrantes do Magreb nascidos na França, realizada em 1983, de Marselha a Paris, por milhares de pessoas. Daniel Cohn-Bendit: político francês, hoje deputado europeu, foi líder do movimento estudantil de Maio de 1968. (N. E.)

Se a velocidade faz a riqueza, ao homem que gira mais rápido que sua sombra está destinada uma bela fortuna. Mas isso jamais explica que milagre leva a circulação mercantil a transformar o nada em ouro e o virar a casaca em atividade produtiva. O ex mais rápido do reinado ultrapassou a barreira do som. Ele não vai demorar muito a atingir sua velocidade de escape.

Corolário 2
O lugar e o local não são solúveis no silêncio assustador dos espaços infinitos

A contradição entre a mobilidade geográfica do capital (como moeda e mercadoria) e a imobilidade relativa do trabalho aparece, na época do imperialismo absoluto, como a forma de desenvolvimento desigual e combinado dos espaços e dos tempos sociais. A organização hierarquizada dos territórios e a importância crescente do controle dos fluxos (comerciais e monetários, de informações ou de matérias-primas) delineiam uma "nova ordem mundial" forte que reina sobre uma colcha de retalhos de Estados fracos. Ora, a ação política tem seus lugares e seus ritmos próprios. Os acontecimentos ganham nomes de cidades (Comuna de Paris, Petrogrado, Turim, Hamburgo, Barcelona), de campos de batalha e de datas em que se deram (14 de Julho, 17 de Outubro, 26 de Julho).

Enquanto a mercantilização do mundo e o fetichismo da abstração monetária uniformizam os espaços, somente a luta de classes, sustentava Henri Lefebvre, ainda pode produzir diferenças espaciais irredutíveis à lógica econômica única.

Corolário 3
A contingência estratégica é irredutível à necessidade econômica

A arte da decisão, do momento propício, da bifurcação aberta para a esperança é uma arte estratégica do possível. Não o sonho de uma possibilidade abstrata, em que tudo que não é impossível seria possível, mas a arte de uma possibilidade determinada pela situação concreta: sendo cada situação singular, o momento da decisão é sempre relativo a essa situação, adaptado ao objetivo a ser atingido. Indo além das antinomias formais do sujeito e do objeto, da estrutura e do acontecimento, do material e do simbólico, do previsível e do imprevisível, a razão estratégica é a arte da resposta apropriada. Ela não domina a situação. Não a sobrevoa. Não a sobrepuja. Enraiza-se nela para novamente pôr em questão as regras e as normas estabelecidas.

Corolário 4
O objetivo não é solúvel no movimento, nem o acontecimento no processo

O discurso da pós-modernidade concilia o gosto pelo acontecimento sem história, simples *happening* sem passado nem futuro, com o gosto pela fluidez sem crise, pela continuidade sem ruptura, pelo movimento sem objetivo. Em sua retórica da resignação, a destruição do futuro atinge o grau zero da estratégia: viver o momento, sem no entanto desfrutá-lo sem entraves! Os arautos do futuro que desencanta contentam-se em pregar um "comunismo do já", concebido como "um movimento gradual, permanente, sempre inacabado que inclui momentos de choques e rupturas"[4]. Eles propõem "um novo conceito de revolução", "um revolucionamento sem revolução, uma evolução revolucionária", ou ainda uma "ultrapassagem sem demora", em uma imediaticidade fora do tempo[5]. Para eles, "a revolução não é mais o que era, uma vez que não há mais momento único em que as evoluções se cristalizam", "não há mais grande salto, grande dia da revolução social, nem limiar decisivo"[6], mas um longo rio tranqüilo de reformas gerenciais. À luz do social-liberalismo ao molho financeiro da esquerda plural, "esse comunismo do já" tem um aspecto bem inexpressivo.

Se não há momento revolucionário único, de epifania milagrosa e de história, há, no entanto, muitos momentos decisivos e limiares críticos a partir dos quais se desencadeia uma lógica do acontecimento. O desaparecimento da ruptura na continuidade corresponde à ilusão de um poder estatal solúvel na desalienação individual: "A formação progressiva de uma hegemonia leva mais

---

[4] Pierre Zarka, *Un communisme à usage immédiat* (Paris, Plon, 1999).
[5] Lucien Sève, *Commencer par les fins* (Paris, La Dispute, 1999).
[6] Roger Martelli, *Le communisme, autrement* (Paris, Syllepse, 1998).

cedo ou mais tarde ao poder nas condições de uma anuência majoritária", garante Lucien Sève.

À custa de se dar tempo ao tempo, esse "mais cedo ou mais tarde" – versão modesta das "leis mecânicas da história" – justifica uma política fora do tempo. Ele afirma ignorar o círculo vicioso da reificação e a reprodução das servidões involuntárias. À luz de um século em que os nomes próprios do desastre (Itália, Alemanha, Espanha, Chile, Indonésia) se seguem como as estações de um calvário, essa beatitude histórica parece bem imprudente.

Corolário 5
A crise não é solúvel na eternidade majestosa das estruturas

O passado de uma ilusão, de François Furet, termina com um veredicto desesperadamente melancólico: "O indivíduo democrático vê tremer em suas bases, nesse fim de século, a divindade história". À ameaça de incerteza, junta-se o escândalo de um futuro fechado: "Eis-nos condenados a viver no mundo em que vivemos". O capitalismo teria se tornado, então, o fim da história, o horizonte intransponível de todos os tempos. Não haveria mais depois, nem outro lugar. Estaríamos, a partir de então, condenados a girar em círculos numa repetição infernal das estruturas imóveis, como no pátio de um presídio.

No entanto, ainda há conflito e contradição. Há mais do que nunca um mal-estar na cultura e na civilização. Do mal-estar à crise, é apenas um passo.

A crise é muito diferente de uma "guinada histórica", que é, dizia Péguy, uma pobre "metáfora de um carrossel". Ela sobrevém à interseção das pressões da situação e da contingência da ação. Abre uma brecha no círculo vicioso das repetições. Faz seu buraco na crosta endurecida das dominações. Semeia a desordem na rotina bem organizada dos trabalhos e dos dias.

Nesses "pontos de crise" e de "reviravolta", a parte determinada liga-se à parte não fatal do futuro, a lógica histórica à irrupção dos acontecimentos. A crise ainda não é o acontecimento, mas já é seu anúncio, uma porta entreaberta pela qual podem surgir a qualquer instante essas possibilidades tão distantes que a própria espera pareceria entorpecida. As horas então se transformam, de repente, em minutos, e os anos em dias.

Corolário 6
A luta política é irredutível ao movimento social

Entre a luta social e a luta política, não há nem Muralha da China nem separação absoluta. A política surge e inventa-se no social, nas resistências à opressão, no enunciado de novos direitos que transformam as vítimas em sujeitos ativos. Como instituição separada que paira acima da "sociedade civil", como encarnação ilusória do interesse geral e garantia, apesar de tudo, de um espaço público irredutível ao apetite privado, o Estado estrutura um campo político específico, uma relação de forças particular, uma linguagem própria do conflito. Os antagonismos sociais manifestam-se aí num jogo de mudanças e de condensações, de alianças e de oposições. A luta de classes toma, assim, a forma mediada de uma luta política de partidos.

Tudo é político? Em certa medida e até certo ponto. Em "última instância", se quisermos, e de diversas maneiras.

Entre partidos e movimentos sociais, mais do que uma simples divisão do trabalho, há uma reciprocidade e uma complementaridade. Enquanto a subordinação dos movimentos sociais aos partidos políticos significaria uma estatização do social, a dissolução dos partidos no movimento social significaria um inquietante enfraquecimento da política. Reduzida a um prolongamento direto do social, ela se limitaria ao *lobby* corporativo. A soma de interesses particulares sem vontade geral acabaria delegando a uma burocracia todo-poderosa a representação do universal.

A dialética da emancipação não é uma marcha inevitável rumo a um fim garantido: as aspirações e as expectativas populares são variadas, contraditórias, freqüentemente divididas entre uma exigência de liberdade e uma demanda de segurança. A função específica da política consiste em articulá-las e conjugá-las por meio de um futuro histórico cujo fim continua incerto.

Escólio 6.1

Comentando o desaparecimento das opções políticas autênticas e consta-tando que a interferência das alternativas de classe são traduzidas, em alguns países, por plataformas "arco-íris", concebidas como colagens incoerentes e *slogans* abrangentes indexados pelas pesquisas de opinião, Zygmunt Bauman se pergunta sobre a capacidade que têm os "novos movimentos sociais" de fornecer uma resposta para a crise das políticas. Eles não escapam dos traços característicos da pós-modernidade: um tempo de vida curto; uma continuidade fraca; a formação de agregados temporários de indivíduos reunidos pela contingência de um único dano e dispersados logo que o litígio é resolvido.

Não é uma questão, especifica Bauman, de falta de programas ou de dirigentes: em tempos de desacordo, essa inconstância e essa intermitência refletem sobretudo o caráter não cumulativo dos sofrimentos e das queixas. Portanto, esses movimentos de ambições modestas não são muito capazes de exigir grandes transformações em grandes questões. Sua fragmentação é o reflexo fiel da perda de soberania do Estado nacional, ele mesmo reduzido às funções de vigia de segurança e de repressão penal no ambiente permissivo do *laisser-faire* mercantil[7].

Richard Rorty suspeita de uma ligação estreita entre pós-modernismo e derrotismo político[8]. Slavoj Žižek vê na dispersão dos novos movimentos sociais, na proliferação de novas subjetividades, na volta aos "estados", aos "status" e aos "corpos" a conseqüência do obscurecimento da consciência de classe e da resignação às derrotas sofridas. A isso ele opõe uma recusa radical do recalque do social e do formalismo político em voga nas "filosofias políticas" da última década. O gesto que pretende traçar a fronteira entre político e não-político, para tirar da política algumas áreas (a começar pela da economia), é, na verdade, de seu ponto de vista, "um gesto político por excelência"[9].

Escólio 6.2

Segundo Ernesto Laclau, a emancipação seria indefinida e fatalmente contaminada pelo poder. Sua completa realização significaria a extinção totalitária

---

[7] Carta de Zygmunt Bauman a Dennis Smith, em Dennis Smith, *Zygmunt Bauman, prophet of post-modernity* (Cambridge, Polity Press, 1999).

[8] Richard Rorty, *Philosophy and social hope* (Londres, Penguin Books, 1999).

[9] Slavoj Žižek, "Class struggle or post-modernism? Yes, please!" em Judith Butler, Ernesto Laclau e Slavoj Žižek, *Contingency, hegemony, universality* (Londres, Verso, 2000), p. 95.

da liberdade. A crise da esquerda seria o resultado de um duplo aniquilamento do futuro: a falência do comunismo burocrático e a bancarrota do reformismo keynesiano. Seu improvável renascimento passaria pela "reconstrução de um novo imaginário social". Uma vez que Laclau renuncia, de cara, a qualquer alternativa radical, a fórmula é deliberadamente vaga.

Diante da nova domesticidade de centro-esquerda e de suas cauções intelectuais, Slavoj Žižek insiste, ao contrário, na necessidade de "manter aberto o espaço utópico de uma alternativa global, mesmo que esse espaço tenha de permanecer vazio à espera de seu conteúdo". Na verdade, a "esquerda de esquerda" deve escolher entre a resignação e a recusa da chantagem liberal segundo a qual toda tentativa de mudança radical levaria necessariamente a um novo desastre totalitário.

O próprio Laclau não abandona nenhum objetivo de unificação. Mas a dispersão dos movimentos lhe parece insuperável. Acéfalos, reticulares, rizomáticos, estariam condenados à interiorização subalterna do discurso dominante. No entanto, podem também anunciar a reorganização das resistências nas diferentes esferas da reprodução social e uma multiplicação dos campos de luta. Seriam então portadores de esperança, desde que ultrapassassem sua atomização e pensassem sua articulação. Sem isso, não teriam outro futuro possível a não ser o papel de grupo de pressão de ambição limitada; sua unificação autoritária por meio da palavra de um chefe ou de uma vanguarda científica (um novo avatar do "socialismo científico" de sinistra memória), ou a subordinação a uma vanguarda "ética" e ao imperativo categórico da razão pura. Então, esses movimentos não conseguiriam mais se juntar na extensão do domínio da luta.

Nos discursos da resistência, essa dificuldade é freqüentemente revelada, mas não resolvida, pelas expressões "autonomia relativa", "articulação" ou "homo-logia". A "autonomia relativa" opõe-se à autonomia absoluta, mas relativa a quê? O que é que constitui a "homologia" entre os diferentes campos? O que torna sua "articulação" pensável e possível?

Os campos não são todos equivalentes. "Nas sociedades contemporâneas, o campo econômico não é realmente distinto dos outros universos", escreve Bernard Lahire. Mesmo quando se cultiva a autonomia do campo no mais alto grau, acaba-se sempre por encontrar, em um ou outro momento, "a lógica econômica, que é onipresente"[10]. Por sua vez, Pierre Bourdieu considera que o campo político tem a particularidade de não poder se tornar completamente autônomo, uma vez que estabelece princípios de visão e de divisão pertinentes em relação à reprodução social. É particularmente o caso da oposição significativa entre divisão de classe e divisão de raça.

A relação de exploração e a opressão de sexo desempenham, então, um papel particular. Ele se traduz pelo papel específico e pelo lugar singular dos sindicatos e do movimento das mulheres nos "novos movimentos sociais".

O agente que, apesar de tudo, torna possível a convergência das resistências, para além dos múltiplos efeitos de dominação próprios à reificação mercantil, é o próprio capital.

Escólio 6.3

Essas observações convidam a tratar com seriedade um debate curiosamente subestimado na França. O jargão filosófico da pós-modernidade realmente significa, em suas versões dominantes, um adeus à luta de classes e ao projeto de emancipação comunista. No entanto, um marxista heterodoxo e crítico deveria levar a sério sua interpelação, insistindo em novos encargos relativos à dialética do universal e do singular, da diferença e da alteridade. Deveria também considerar a produção dos discursos e das imagens uma dimensão essencial da reprodução social e da dominação simbólica. Enfim, deveria se dedicar a uma análise aprofundada das condições espaciotemporais da democracia política.

---

[10] Bernard Lahire, *Le travail sociologique de Pierre Bourdieu* (Paris, La Découverte, 1999).

Teorema 2

A LUTA DE CLASSES É IRREDUTÍVEL ÀS IDENTIDADES COMUNITÁRIAS

Durante muito tempo, o marxismo dito "ortodoxo" atribuiu ao proletariado uma missão heróica: uma vez que sua consciência alcançasse sua essência, tornando-se o que ele é, ele seria o redentor de toda a humanidade. Para muitos, as desilusões do dia seguinte são proporcionais às ilusões da véspera: na falta de se tornar "tudo", o proletariado seria doravante reduzido a menos que nada.

No entanto, a luta de classes não tem muito a ver com a sociologia positivista. Não encontramos em Marx uma abordagem estatística da questão. Não pelo fato do estado embrionário da disciplina (cujo primeiro congresso internacional se deu em 1853), mas por razões mais fundamentais.

Não há, em *O capital*, definição classificatória e normativa das classes, mas um antagonismo dinâmico que ganha forma, em primeiro lugar, no nível do processo de produção, em seguida, no do processo de circulação e, finalmente, no da reprodução geral. As classes não são *definidas* somente pela relação de produção na empresa. Elas são *determinadas* ao longo de um processo em que se combinam as relações de propriedade, a luta pelo salário, a divisão do trabalho, as relações com os aparelhos de Estado e com o mercado mundial, as representações simbólicas e os discursos ideológicos. Portanto, o proletariado não pode ser definido de modo restritivo, em função do caráter produtivo ou não do trabalho, que entra somente no livro II de *O capital*, sobre o processo de circulação[1].

---

[1] Essas questões foram amplamente debatidas nos anos 1970, principalmente em oposição às definições restritivas então desenvolvidas pelo partido comunista

No século XIX, falava-se em classes trabalhadoras, no plural. O termo alemão *Arbeiterklasse* ou a expressão inglesa *working class* continuam extremamente genéricos. "Classe ouvrière", dominante no vocabulário francês, tem uma conotação sociológica propícia a equívocos. Ela designa principalmente o proletariado industrial, com exceção do assalariado de serviços e de comércio, que se submete a condições de exploração análogas do ponto de vista de sua relação com a propriedade privada dos meios de produção, de seu lugar na divisão do trabalho ou da forma salarial de sua renda.

Marx fala de proletários. Apesar de seu aparente desuso, o termo é ao mesmo tempo mais rigoroso e mais abrangente do que classe operária. Nas sociedades desenvolvidas, o proletariado da indústria e dos serviços representa de dois terços a quatro quintos da população ativa. A questão interessante não é a de seu anunciado desaparecimento, mas a de suas metamorfoses sociais e de suas representações políticas. Embora seu componente industrial propriamente dito tenha tido uma baixa efetiva nos últimos vinte anos, ainda estamos longe de sua extinção. Como ressaltam Stéphane Beaud e Michel Pialoux em sua pesquisa sobre Montbéliard, a "condição operária" não desapareceu, "tornou-se invisível"[2]. As ciências sociais universitárias têm certa responsabilidade nessa ocultação.

Internacionalmente, a tendência forte é à "proletarização do mundo". Em 1900, a estimativa era de mais ou menos 50 milhões de trabalhadores assalariados em uma população global de 1 bilhão de habitantes. Calcula-se, hoje, por volta de 2 bilhões em uma população de 6 bilhões.

A questão é teórica, histórica e cultural, assim como sociológica. O historiador inglês E. P. Thompson dizia graciosamente que "não se pode falar

---

(especialmente em seu tratado sobre o capitalismo monopolista de Estado) ou, a partir de outras considerações teóricas, por Nicos Poulantzas, *Poder político e classes sociais* (São Paulo, Martins Fontes, 1986) e *Classes sociais no capitalismo de hoje* (Rio de Janeiro, Zahar, 1978), ou por Baudelot e Establet, *La petite bourgeoisie en France* (Paris, Maspero, 1970). Ver também a coleção de revistas *Critique de l'Économie Politique, Critique Communiste, Cahiers de la Taupe.*

[2] Stéphane Beaud e Michel Pialoux, *Retour sur la condition ouvrière* (Paris, Fayard, 1999).

de amor sem amantes", nem de classes sem atores. Sua insistência na "formação" das classes salienta que se trata "de um processo ativo": elas não surgiram em um determinado momento, "como o sol", mas são "partes interessadas em sua própria formação". Não se trata de uma estrutura imóvel nem de uma categoria definitiva, mas de um fenômeno histórico que não se pode cristalizar em um momento particular de seu desenvolvimento. Assim, pode-se falar de classe "quando após experiências comuns, que pertencem à sua herança compartilhada, os homens percebem e articulam seu interesse comum em oposição a outros homens cujos interesses colidem com os seus"[3]. As classes se autoproduzem, seguindo um processo de cristalização de interesses coletivos, de uma consciência desses interesses e de uma linguagem para expressá-los. Elas se situam no ponto de encontro entre um conceito teórico e uma declaração que nasce da luta. O sentimento de pertencer a uma classe resulta do trabalho político e simbólico, assim como de uma determinação sociológica.

Numa perspectiva inspirada em Edward Thompson, Pierre Bourdieu distingue a "classe provável" da "classe mobilizada". Por que provável e não improvável? Reciprocamente, as intermitências de sua mobilização significam uma eclipse de suas probabilidades? O obscurecimento da consciência de classe implica o desaparecimento das classes e de suas lutas? Ele é conjuntural, ligado ao fluxo e refluxo das relações de força? Ou estrutural, em função dos novos procedimentos de dominação sociais e culturais, que Michel Surya resume na noção de "capitalismo absoluto"? Se a efetividade da luta de classes é amplamente atestada pelas resistências cotidianas ao despotismo de mercado, a fragmentação individualista pós-moderna permite que se reconstituam coletividades solidárias? A generalização do fetichismo mercantil e da alienação consumista, o reino do efêmero e do instantâneo, o frenesi do *clip* e do *zapping* ainda permitem formular projetos duráveis, para além dos momentos de intensidade de fusão sem dia seguinte?

No entanto, quem ousaria duvidar seriamente da existência da burguesia aburguesante? Ela não é apenas uma "classe provável", mas uma "classe mobi-

---

[3] Edward Palmer Thompson, *A formação da classe operária inglesa* (São Paulo, Paz e Terra, 1997).

lizada", que o Medef* encarna muito bem[4]. Em suma, a prova da luta de classes é o barão Seillières** em pessoa. Como alvo da flexibilidade, da individualização do processo de trabalho e da atomização social, os trabalhadores não se transformam, por outro lado, em trabalhadores sem classe? Tendo demonstrado que a "condição operária" subsiste, Stéphane Beaud e Michel Pialoux se perguntam sobre o destino mais incerto da "classe operária".

Algumas correntes da sociologia crítica salientam o aspecto construtivista da noção de classe: ela não seria o reflexo da realidade, mas o produto de uma construção teórica. O construtivismo é um vasto título.

Lembrar que toda noção teórica é um "constructo" é uma banalidade. Há muito tempo se sabe que o conceito de cão não late e que as palavras não são as coisas. Mas o que seria uma coisa inominável? E, sem as coisas, as palavras não seriam sem sentido? Para que o conceito de cão seja inteligível, é preciso que de fato existam cães reais, que latem e que mordem. É preciso que a palavra tenha uma relação com a coisa. Por mais "construída" que seja, a "mão invisível do mercado" comete crimes bem reais! A luta de classes não existe independentemente das palavras que a expressam, mas essas palavras supõem uma realidade dizível.

Se se trata de afirmar, em nome do construtivismo, que todo conceito é pura convenção de linguagem e resultado de relações de forças no campo teórico, cai-se em um idealismo lingüístico, de resto, extremamente paradoxal: se a luta de classes fosse, antes de mais nada, um efeito de linguagem, esta seria uma razão a mais para privilegiar essa representação do mundo em oposição às suas representações em termos de enfrentamentos raciais, étnicos ou religiosos!

Nas turbulências da globalização mercantil, o declínio da consciência de classe (principalmente em sua dimensão internacionalista) e a crise das legitimidades

---

* Mouvement des Entreprises de France: organização patronal que representa os dirigentes das empresas, criada em 1998 para substituir o Conseil National de Patronat Français (CNPF). (N. T.)

[4] Ver Michel Pinçon e Monique Pinçon-Charlot, *Nouveaux patrons, nouvelles dynasties* (Paris, Calmann-Lévy, 1999) e *Sociologie de la bourgeoisie* (Paris, La Découverte, 2000).

** Ernest-Antoine Seillières, empresário francês, foi presidente do Medef de 1997 a 2005. (N. T.)

nacionais alimentam uma visão racial ou religiosa dos conflitos comunitários. As pulsões purificadoras em ação nos Bálcãs se inscrevem numa tendência planetária muito mais inquietante do que imaginam as inteligências servis da Otan quando se contentam em ver nisso os últimos sobressaltos do totalitarismo "comunista". A transformação tendenciosa de um conflito nacional entre israelenses e palestinos em guerra de religiões entre judeus e muçulmanos dá um novo exemplo disso.

Escólio 1

A publicação recente de um texto inédito de Lukács, em defesa de *História e consciência de classe*, contradiz em parte a interpretação segundo a qual sua representação do Partido seria a forma enfim encontrada do Espírito absoluto hegeliano[5]. Condenado por "subjetivismo" em 1925, durante o V Congresso da Internacional Comunista e da "bolchevização", recusou um ano depois a tese segundo a qual o proletariado estaria condenado a agir de acordo com seu ser, sendo o papel do Partido limitado, então, a "antecipar esse desenvolvimento".

O papel específico (político) do Partido resulta precisamente, segundo ele, do fato de a formação da consciência de classe se chocar permanentemente com o fenômeno do fetichismo e da reificação. Como ressalta Slavoj Žižek em seu posfácio, o Partido desempenha então o papel de meio termo de um silogismo entre a universalidade da história e a particularidade do proletariado. Para a socialdemocracia, ao contrário, o proletariado seria o meio termo entre a história e a ciência encarnada por um partido educador. Enfim, para os stalinistas, o Partido se prevaleceria do "sentido da história" para melhor legitimar sua dominação sobre o proletariado.

Escólio 2

Em uma polêmica com Slavoj Žižek, Ernesto Laclau enfatiza que nada de realmente anticapitalista surge espontaneamente das aspirações operárias. O

---

[5] Encontrado recentemente na Hungria, esse texto de Lukács foi publicado em inglês com o título *In defense of* History and class consciousness: *tailism and the dialectic* (Londres, Verso, 2000), acompanhado de um posfácio de Slavoj Žižek.

argumento segundo o qual a luta de classes seria portadora de universalidade por se enraizar no cerne do sistema, enquanto as lutas culturais ou relativas à identidade seriam facilmente integráveis à sua reprodução, parece-lhe tão pouco convincente quanto o acordo de incorporar (mesmo com uma obstinação cheia de subentendidos) a exploração de classe à lista das opressões mais variadas (sexuais, nacionais, raciais, religiosas ou de gerações).

Na problemática de Marx, o conflito de classes não deveria se juntar às diversas identidades sociais. Ele constitui o próprio eixo em torno do qual se articulam e se definem as identidades: "Ao ser inscrito em uma lista, o termo classe perde esse papel, sem adquirir em troca nenhum significado preciso". Ele se torna "um significante flutuante"[6]. Laclau conclui então que a luta de classes não tem o menor papel privilegiado a desempenhar. Para Žižek, ao contrário, os elementos da luta pela hegemonia não são equivalentes: o conflito de classe determina todo o encadeamento.

Uma compreensão não redutora da teoria de Marx implica não considerar a cultura nem simples reflexo da relação de produção, nem elemento externo à formação das relações de classe.

Quando as classes são percebidas em termos de "raça" e de "sexo", as análises em torno dessas questões não constituem acréscimos acessórios ou suplementos da alma: a articulação do conjunto baseia-se na relação estreita entre exploração e opressão, modelada pela dominação do capital. Em sua crítica do "novo espírito do capitalismo", Luc Boltanski e Ève Chiapello restabelecem, com toda a razão, o vínculo orgânico entre exploração e exclusão no cerne de suas contradições.

Escólio 3

Uma redefinição global das estruturas territoriais, das relações jurídicas, dos laços sociais, atualmente na ordem do dia, tende a reconstituir as condições da acumulação do capital e da reprodução da relação social apoiando-se nas "novas tecnologias".

---

[6] Judith Butler, Ernesto Laclau e Slavoj Žižek, *Contingency, hegemony, universality*, cit., p. 297.

A crise de "mutação" de forças políticas tradicionais, como a democracia-cristã, os conservadores britânicos ou a direita francesa tradicional, o questionamento da função que elas desempenharam, desde a Guerra, no compromisso constitutivo do Estado social e na coesão do Estado nacional, inscrevem-se nessa perspectiva. Nela também se inscrevem as transformações da socialdemocracia européia. Por meio da privatização do setor público, as elites gerenciais privadas e a nobreza do Estado integram-se organicamente às camadas dirigentes da burguesia. Confiantes na fraqueza das direitas tradicionais, os partidos socialde-mocratas são assim conduzidos a desempenhar o papel motor *ad interim* na adaptação do capital à evolução do mundo atual. Eles carregam em sua órbita os restos dos partido pós-stalinistas, atormentados por seu passado insuperável, e a maior parte dos partidos verdes, hipnotizados pelas delícias de uma institucionalização acelerada.

Por meio do "novo centro" ou da "terceira via" caros a Tony Blair, Gerhard Schröder, Bill Clinton e Romano Prodi, delineia-se assim, no mapa social europeu minimalista ou por trás da "refundação social" do patronato francês, não um liberalismo sem regras, mas uma forma inédita de liberal-corporativismo ou de liberal-nacionalismo. Seria preciso ser míope para não ver o populismo em sua única variante francesa de um "soberanismo" à moda de Pasqua e Villiers[*]. A cruzada em favor da participação acionária dos assalariados e dos fundos de pensão privados em detrimento da solidariedade mutualista visa congelar as desigualdades e perenizar a regressão dos direitos sociais imposta durante os anos da crise. A "refeudalização" do laço social pelo viés dos contratos interindividuais, sinônimos de subordinação pessoal, triunfa sobre a relação baseada na lei impessoal teoricamente igual para todos. Delineia-se nitidamente uma nova forma de associação capital–trabalho, da qual uma pequena camada de vencedores consegue se safar em detrimento da massa vítima do desastre da globalização.

---

[*] Charles Pasqua e Philippe de Villiers, políticos franceses de direita, ultraconservadores. Criaram em 1999 a chapa Reunião Pela França (RPF), para disputar as eleições ao Parlamento Europeu, mas depois romperam (Charles Pasqua foi condenado, em 2008, a dezoito meses de prisão isentos de cumprimento pelo financiamento ilegal dessa campanha). Philippe de Villiers preside desde 1994 o Movimento Pela França (MPF), e foi candidato às eleições presidenciais de 2007. (N. E.)

Essa tendência é perfeitamente compatível com formas convulsivas de nacional-liberalismo à Putin ou Haider. Putin é produto do desmembramento de um império burocrático e do advento de um capitalismo mafioso. Haider é produto de uma situação marcada pela destruição da zona-tampão no Leste, pela integração da Áustria à União Européia e pelo aumento de populismos regionais vingativos. Também é rebento dos treze anos de co-gestão entre conservadores e socialdemocratas, de uma opção de construção européia liberal e de políticas de austeridade impostas em seu nome. Por isso, foi estupidez diabolizá-lo invocando a analogia com os anos 1930 para legitimar a união sagrada de boas consciências consensuais em nome de um antifascismo reflexo.

É necessário lutar contra Haider (sem esquecer a complacência de seus detratores bem-pensantes em relação a Berlusconi, Fini, Millon e Blanc[*]). É necessário também apoiar as oposições austríacas, em vez de acreditar na possibilidade de isolar a Áustria por longos anos, proibindo seu acesso à União Européia. Porém, mais do que reencenar como farsa as tragédias de ontem ou anteontem, é urgente refletir sobre as ameaças inéditas do presente: o papel dos regionalismos (carintianos ou padanianos) na reconfiguração européia, as bodas de sangue do nacionalismo e do liberalismo, o chauvinismo dominador da "Europa-poderosa".

Manchete de uma entrevista coletiva à imprensa, "Blair e eu contra as forças do conservadorismo"[7], Haider não perde o humor negro: "Nossos dois partidos querem escapar da rigidez do Estado-Providência sem criar injustiça social"; ambos querem "a lei e a ordem"; ambos consideram que aqueles que se encontram em condições de trabalhar não devem ser estimulados à inatividade

---

[*] Silvio Berlusconi, empresário e político italiano de direita, atual primeiro-ministro da Itália, foi acusado de corrupção e ligações com a máfia e apoiou a guerra dos Estados Unidos contra o Iraque; Gianfranco Fini, jornalista e político italiano, ultraconservador de direita, é presidente da Câmara de Deputados da Itália; Charles Millon, político francês, fundador do partido da direita liberal cristã, foi ministro da Defesa no governo Juppé; Étienne Blanc, advogado e político francês de direita, é deputado na Assembléia Nacional francesa. (N. E.)

[7] *Daily Telegraph*, 22/2/2000.

pelas formas de assistência. É também o que proclama o Medef ao atacar o seguro-desemprego. Como Blair, Haider avalia que "a economia de mercado pode criar novas possibilidades para os assalariados e para as empresas", desde que "seja flexibilizada". O partido trabalhista britânico e o partido liberal austríaco [Freiheitliche Partei Österreichs – FPO] compartilhariam uma abordagem "não dogmática do mundo em plena transformação em que vivemos", enquanto "as velhas categorias de esquerda e de direita se tornam caducas". Conclusão: "Blair e o Partido Trabalhista são de direita sob o pretexto de que aceitaram os acordos de Schengen e são favoráveis a uma legislação estrita sobre a imigração?". "Se Blair não é extremista, então Haider também não é!"[8] C.Q.D.

Na verdade, Haider não é uma simples réplica nostálgica do nacionalismo dos anos 1930, mas um nacionalista liberal contemporâneo, partidário da Otan, da moeda única, da ampliação da União Européia. Por isso continua prisioneiro da contradição entre seu eleitorado e seu programa. Por isso também a política de sanções e de isolamento praticada durante um ano pelos governos europeus estava condenada ao fracasso e ao ridículo.

Corolário 1
A discórdia social não é solúvel na harmonia comunicacional

A exemplo da música, a comunicação e o comércio foram considerados capazes de atenuar os hábitos rudes do mercado. Alguns sonham apaziguar o mundo por meio de uma língua comum universal, volapuque ou esperanto. Vilfredo Pareto imaginou um dicionário da comunicação perfeita, que eliminaria os equívocos e os mal-entendidos, fontes de conflito. Gramsci respondeu-lhe que "os pragmáticos teorizam abstratamente sobre a linguagem como causa do erro". Não seria possível reduzir uma língua viva a uma técnica utilitária, desprovida de significados metafóricos e de equívocos polissêmicos. Gramsci percebeu muito bem a ligação de parentesco entre o formalismo lógico da "regra do jogo" e o formalismo jurídico das teorias da justiça.

---

[8] Idem.

Enquanto os sujeitos consensuais da comunidade comunicacional ideal aparecem como anjinhos etéreos e ectoplasmas sem emoções nem paixões, a língua é um lugar em que os "falantes" se enfrentam: o discurso peremptório dos dominadores e a palavra subalterna dos dominados. "O agir comunicacional" não escapa dos conflitos e das relações de força. Há palavras que ferem e palavras que matam.

Corolário 2
A diferença conflituosa não é solúvel na diversidade indiferente

Contra a redução dogmática de qualquer conflito social ao conflito de classe, a hora é da pluralidade de campos e de contradições. No entanto, na consagração da mercadoria, a abstração monetária nivela as qualidades e os valores. Assim, não haveria mais oposição irredutível entre vermelhos e brancos, entre burgueses e proletários, entre possuidores e possuídos. Seu antagonismo se anularia em uma humanidade média, reduzida a uma clientela de sondados e a um pó cinza de "gente" sem qualidades.

Não haveria mais esquerda nem direita, mas um *homo politicus* ambidestro. Nem panos de prato nem toalhas de mesa, mas um monte de trapos. Não só as oposições de classe, mas qualquer diferença conflituosa se tornaria solúvel no que Hegel denominava "uma diversidade sem diferença", uma constelação de singularidades indiferentes.

Cada indivíduo é uma combinação original de pertenças múltiplas. Mas a maior parte dos discursos da pós-modernidade faz a crítica da vulgata ortodoxa até dissolver as relações de classe nas águas turvas do individualismo metodológico. A defesa da diferença se reduz então a uma tolerância liberal repressiva, simples no que diz respeito ao consumidor da homogeneização mercantil. Contra esse simulacro da diferença e seu individualismo sem individualidade, as reivindicações de identidade tendem inversamente a hipostasiar e a naturalizar as diferenças de sexo e de raça. Esse "narcisismo de pequenas diferenças", descoberto outrora por Freud, é propício à volta dos ancestrais ferozes, às arqueologias identitárias, aos pânicos comunitários que constituem tantas respostas alienadas a uma situação inédita. Como apontou o saudoso Jacques

Hassoun, essas hipóstases da "pequena diferença" permitem "despertencer-se" como cidadãos ou membros de uma classe social, para aderir melhor a uma "etnia matricial" e erguer locais de adoração sobre as ruínas desoladas da praça pública.

A dialética da diferença e da universalidade está no centro das controvérsias sobre a questão da paridade, assim como no papel do movimento homossexual. Enquanto a diferença representa uma mediação entre o singular e o universal, a diversidade em migalhas renuncia a qualquer horizonte de universalidade. Quando se renuncia ao universal, adverte Alain Badiou, o que triunfa é o horror universal.

O que está em questão não é a noção de diferença (ela permite construir oposições estruturantes), mas sua naturalização biológica e sua absolutização identitária. A "Queer Theory" anglo-saxônica proclama, assim, o desaparecimento das diferenças em um reflexo flutuante de singularidades[9]. A lógica das necessidades sociais dilui-se então na fome de consumo compulsivo e na retórica mortífera do desejo. Vivendo no momento uma sucessão de identidades sem história, o sujeito *queer* não é mais um(a) homossexual militante, mas um indivíduo ambivalente, um feixe de sensações fugazes e de desejos versáteis. Não é de espantar que a indústria cultural americana tenha aceitado esse discurso com uma relativa benevolência. A celebração do fluido e do lábil convém ao fluxo incessante das trocas e das modas. A transgressão, que desafiava as normas e preparava a conquista de novos direitos, banaliza-se assim nos êxtases lúdicos da subjetividade consumista.

Enquanto o movimento *queer* proclama a abolição das diferenças de gênero em prol de orientações sexuais individuais não exclusivas, enquanto

---

[9] *Queer*: bizarro. Originalmente, trata-se de um insulto devolvido pelos homossexuais para afirmarem uma diferença que concebe a homossexualidade não mais como uma diferença em relação à heterossexualidade, mas como uma desconstrução da norma. A Queer Theory inspirou Queer Studies universitários, dos quais a filósofa de Berkeley, Judith Butler, é uma eminente teórica. Seu ensaio com o significativo título de *Problemas de gênero* (Rio de Janeiro, Civilização Brasileira, 2003), publicado originalmente em inglês em 1990, suscitou debates calorosos e importantes, ilustrados principalmente por Nancy Fraser em seu livro *Justice interruptus: critical reflections on the "postsocialist" condition* (Nova York, Routledge, 1997).

desvaloriza qualquer afirmação coletiva como obrigatoriamente redutora, Jacques Fortin esboça, ao contrário, em seu *Adieu aux normes*, uma dialética da diferença, necessária ao estabelecimento de uma relação de força diante da opressão, e de seu enfraquecimento, inscrito numa perspectiva histórica de universalização concreta[10].

Escólio 2.1

A propósito disso, desenvolveu-se uma rica discussão entre Nancy Fraser, Judith Butler e Richard Rorty[11]. Em um artigo com o significativo título "De la redistribution à la reconnaissance" [Da redistribuição ao reconhecimento], Nancy Fraser busca reconciliar a reivindicação de identidade do multiculturalismo e a política keynesiana da socialdemocracia clássica. Contra a sacralização e a reificação das identidades e contra a tirania de um comunitarismo repressivo (que exerce uma pressão normativa no grupo, seja ou não homossexual), ela propõe uma síntese entre as políticas de reconhecimento e de redistribuição, que não mais oporia as identidades exclusivas à humanidade fracionada. Tratar o "não-reconhecimento" (*misrecognition*) como "um dano cultural autônomo" levaria, ao contrário, a cortar a injustiça cultural da matriz institucional e das desigualdades econômicas.

Nancy Fraser parte, portanto, de uma distinção entre injustiça de distribuição e injustiça de reconhecimento. As segundas não são "simplesmente culturais", mas decorrem de modelos de avaliação e de relações sociais institucionalizadas irredutíveis a uma má distribuição (*misdistribution*) de recursos e de riquezas que a ela podem estar ligados. Introduzindo uma distinção entre classes sociais e status sociais, ela formula a hipótese de que o processo de diferenciação, salientado por Max Weber e exacerbado pelo capitalismo tardio, aprofunda a distância entre classes e status. Não-reconhecimento e má distri-

---

[10] Jacques Fortin, *Homosexualités, l'adieu aux normes* (Paris, Textuel, 2000).

[11] Os artigos de Judith Butler e Nancy Fraser foram reproduzidos nos números 227 e 228 da *New Left Review* (1998). A revista *Mouvements* (n. 12, nov.-dez. 2000) publicou um debate esclarecedor entre Richard Rorty e Nancy Fraser.

buição não são mais, então, "mutuamente conversíveis". A questão decisiva é que "o não-reconhecimento constitui uma injustiça fundamental, esteja ou não ligada a uma desigualdade de distribuição". Não há necessidade de demonstrar que ela pode produzir discriminações econômicas e sociais (o que pode acontecer com os gays e com as lésbicas) para exigir que esse dano seja reparado. As injustiças de status devem ser consideradas tão sérias quanto as injustiças relativas à distribuição às quais elas não podem ser reduzidas: "Os dois tipos de danos são fundamentais e conceitualmente irredutíveis um ao outro".

Richard Rorty admite que o termo "reconhecimento" possa descrever o que almejam os negros, as mulheres ou o(a)s homossexuais, mas salienta o caráter arbitrário dessa enumeração minuciosa de comunidades que demandam ser "reconhecidas". Segundo ele, essa "necessidade de reconhecimento" substitui "a eliminação dos preconceitos" que designava há algum tempo a luta contra as discriminações. Passar-se-ia, assim, da negação dos danos infligidos para a reivindicação positiva de uma identidade, da "humanidade fracionada" para o "reconhecimento de diferenças culturais". Esse deslocamento da revolução política frustrada para a revolução cultural (ou do social para o "societal") seria conseqüência de uma conjuntura de recuo e decepção. Ele tem um preço: uma revolução cultural dos costumes, desvinculada de uma perspectiva de revolução política, levaria à tribalização das culturas e à fetichização de diferenças sem horizonte de universalidade. Para Rorty, a via do universal não passa pela diversidade das culturas, mas pela diversidade dos indivíduos "que constroem a si mesmos". Ele propõe que novamente se dê prioridade ao econômico em relação ao cultural, à redistribuição social e à luta contra os preconceitos discriminatórios remanescentes.

Em sua resposta a Rorty, Nancy Fraser sustenta que, em vez de renunciar a qualquer política de reconhecimento, é preciso reformulá-la em termos de status. Pois o não-reconhecimento não se contenta em depreciar uma identidade de grupo. Constitui um obstáculo à participação política compartilhada. Trata-se, então, de "vencer a subordinação por meio de uma desconstrução dos códigos que se opõem à paridade participativa e de substituí-los pelos códigos que a favorecem". As formas de não-reconhecimento não se reduzem a subprodutos das relações de exploração que uma política de redistribuição eqüitativa seria suficiente para eliminar. Recorrer à categoria de status, distinta da de classe, permitiria não rejeitar a necessidade de reconhecimento com a política de identidade. O reconhecimento em si é insuficiente. No entanto, não se trata de remontar ao tempo para retomar as políticas redistributivas da esquerda, como reivindica Rorty. Nancy Fraser opõe-se, ao contrário, ao desacoplamento de uma esquerda cultural e de uma esquerda social (distinção retomada por Jacques Julliard quando opôs esquerda moral e esquerda social, movimento de imigrantes ilegais e greves salariais).

Com a condição de não contradizer o respeito ao que é comum (o que o poeta Jean-Christophe Bailly denomina "o em-comum"), o reconhecimento cultural pode ser um reconhecimento da universalidade recusada e pode desencorajar a lógica de separação e o comunitarismo repressivo. Trata-se, então, de "completar o respeito pelo universal com a atenção voltada para as diferenças" e "de opor uma dose saudável de ceticismo desconstrutivo a qualquer sistema classificador".

Escólio 2.2

Judith Butler acusa Nancy Fraser de um "marxismo neoconservador". Acusa-a de subordinar as lutas contra a opressão heterossexual à luta de classe contra a exploração capitalista. Insiste na fecundidade da "autodiferenciação" dos movimentos sociais, que tornaria possível coletivos não identitários. Se, como sustentavam as feministas dos anos 1970, a luta contra a família desempenhava um papel decisivo na reprodução social, a luta contra essa regulação familiar ameaçaria diretamente o próprio funcionamento do sistema. Butler conclui então que a regulação heteronormativa das relações sexuais é parte integrante da estrutura econômica, "embora não estruture a divisão social do trabalho nem o modo de exploração da força de trabalho".

Para Nancy Fraser, a distinção entre o econômico e o cultural está no centro da discussão com Judith Butler, cuja conduta aistórica faz do modo de regulação sexual um elemento invariante da relação econômica através das épocas. Critica-a por estender abusivamente ao capitalismo traços específicos de relações de parentesco específicas das sociedades pré-capitalistas (principalmente a ausência de diferenciação entre relações sociais e estrutura econômica). Exige, ao contrário, que se historicize a distinção que se torna essencial no capitalismo tardio. Temendo que historicizar as relações de reconhecimento levasse a relativizá-las, Butler cometeria um contra-senso. A historicização permitiria precisar sua função e avaliar melhor a defasagem entre classes e status. Seria possível, então, suprimir o abismo entre correntes multiculturalistas, preocupadas com o reconhecimento social, e correntes sociodemocratas, ligadas à justiça social.

Para Nancy Fraser, os danos causados aos gays e às lésbicas evidentemente não são apenas simbólicos. Eles envolvem discriminações jurídicas e econômicas. As injustiças de "não-reconhecimento" são tão materiais quanto as da distribuição parcial das riquezas. Ela descreve "a essência do não-reconhecimento" como "a construção material de uma classe de pessoas desvalorizadas e impedidas de uma participação igual" na vida comum. Ao derivar da estrutura econômica os danos culturais, Butler acabaria acreditando que a transformação das relações de reconhecimento seria suficiente para transformar mecanicamente as relações de distribuição. Fraser pergunta, então, se é necessário mudar a estrutura econômica do capitalismo contemporâneo para reparar os danos econômicos infligidos aos homossexuais. Ela pede que nos interroguemos sobre o que é preciso entender exatamente como "estrutura econômica". A regulação heteronormativa resulta diretamente da economia capitalista ou de uma hierarquia de status "articulados de maneira complexa"? De modo mais geral, as relações de reconhecimento coincidem na época do capitalismo tardio com as relações econômicas? Ou as diferenciações próprias do capitalismo contemporâneo se traduzem por uma distância maior entre os status e as classes?

Em sua controvérsia com Rorty e Butler, Nancy Fraser levanta questões pertinentes e desenvolve argumentos sólidos. Uma vez que a discussão tem por objeto as injustiças de reconhecimento e de redistribuição, não se vai além da fórmula evasiva segundo a qual elas estão "relacionadas de maneira complexa". Aparecem, assim, desvinculadas das relações de produção. A noção problemática de "estrutura econômica" não é suficiente para preencher essa lacuna. Em Marx, o capital é o sujeito de um processo não estritamente "econômico". Ele articula os processos de produção, de circulação (portanto, de distribuição) e de reprodução simultaneamente. A "crítica da economia política" é, antes de mais nada, uma crítica do fetichismo econômico e de sua ideologia, que nos condenam a pensar "à sombra do capital". Ao dissociar desse movimento conjunto as injustiças, contentamo-nos em corrigir as discriminações e retificar a má distribuição, sem ter de revolucionar as relações de produção e, portanto, as relações de propriedade. A reconciliação entre esquerda cultural e esquerda socialdemocrata torna-se assim concebível nos limites fixados pelo despotismo de mercado.

Escólio 2.3

Alguns autores opõem a categoria biológica "sexo", "mais concreta, específica e corporal", à categoria social "gênero". Pretendem superar assim o "feminismo do gênero" em prol de um "pluralismo sexual" de geometria variável. Não é de espantar que rejeitem tanto o marxismo quanto o feminismo crítico. Para eles, as categorias marxistas teriam constituído uma ferramenta eficaz pelo período de tempo em que se tratava de pensar as questões de gênero ligadas às relações de classe e à divisão social do trabalho. Em compensação, para compreender "o poder sexual" e fundamentar uma economia dos desejos distinta daquela das necessidades, seria necessária uma teoria biopolítica autônoma.

A nova tolerância mercantil e repressiva do capital em relação ao mercado gay leva, no entanto, a matizar a idéia segundo a qual as orientações sexuais improdutivas seriam, por natureza, contraditórias com o princípio de rendimento capitalista. A percepção, historicamente fundamentada, de um antagonismo irredutível entre a ordem moral do capital e as orientações homossexuais levou a se acreditar que a simples afirmação da diferença seria um fator suficiente de subversão espontânea: bastaria que os homossexuais se assumissem como tais para abalar a ordem social e moral estabelecida. A crítica da dominação homofóbica esgota-se, então, no desafio da auto-afirmação e nas hipóstases da identidade. Se as categoria hetero e homossexualidade são histórica e socialmente construídas, sua relação conflituosa com a norma envolve uma dialética da diferença e de sua superação tendencial.

Escólio 2.4

Para Jon Elster, a idéia de uma centralidade da luta de classes é realmente "insustentável". Ulrich Beck vê no capitalismo contemporâneo o paradoxo de um "capitalismo sem classe". Lucien Sève afirma: "Se existe realmente uma classe em um pólo da contradição, o fato desconcertante é que não existe classe no outro". O proletariado estaria, então, dissolvido na alienação generalizada. Não se trataria mais "de conduzir uma batalha de classe", mas "uma batalha da humanidade" inteira.

Essa proposição pode ser compreendida como uma banalidade que consiste em lembrar que a luta pela emancipação do proletariado constitui, sob o capitalismo, a mediação concreta da luta pela emancipação universal. Nela, é possível ver também uma inovação carregada de conseqüências estratégicas: se a exploração de classe é, a partir de então, secundária em relação à alienação universal, a questão da apropriação social deixa de ser essencial.

A transformação social se reduz a transformações "não mais repentinas, mas constantemente graduais". A questão do Estado é resolvida pela "conquista dos poderes". Assim, "a formação progressiva de uma hegemonia leva, mais cedo ou mais tarde, ao poder nas condições de um consentimento majoritário", sem enfrentamentos decisivos. No entanto, até hoje, da Alemanha a Portugal, passando por Espanha, Chile ou Indonésia, esse "consentimento majoritário" jamais se verificou!

Roger Martelli tem a mesma opinião: "O essencial não é mais preparar a transferência de poder de um grupo para outro, mas começar a dar a cada indivíduo a possibilidade de se apropriar das condições individuais e sociais de sua vida". Por mais legítima que seja, a temática da libertação individual acaba então em um prazer solitário. E a emancipação social se perde em uma poeira da humanidade.

Escólio 2.5

Se realmente existe uma interação entre as formas de opressão e de dominação, e não o efeito mecânico de uma forma particular considerada principal (a dominação de classe) sobre as outras consideradas "secundárias", ainda é preciso determinar o mecanismo dessas interações numa época dada, numa relação social dada. Trata-se de uma simples justaposição de campos e de contradições suscetíveis de dar lugar a coalizões variadas de interesses e a alianças sem dia seguinte? Ou então, apesar das discordâncias dos tempos sociais, a lógica universal do capital e do fetichismo mercantil afeta as diferentes esferas da vida social a ponto de criar as condições de uma unificação relativa das resistências?

Não se trata, aqui, de reduzir a pluralidade das contradições e dos conflitos a uma linha de frente prioritária ou exclusiva, nem de opor uma totalidade abstrata fetichizada à inquietude pós-moderna, mas de admitir que a destotalização reivindicada pelas micronarrativas, pela micro-história ou pela microssociologia pressupõe a totalização concreta à qual ela se opõe. Se ela não se baseasse mais em uma convergência tendencial real, da qual o próprio capital é o agente impessoal sob as formas perversas da globalização mercantil, a unificação puramente subjetiva das lutas dependeria de uma vontade arbitrária, em outras palavras: de um voluntarismo ético.

O risco ecológico não se reduz ao ecocídio capitalista: foi possível constatar as devastações do ecocídio burocrático em Chernobil ou no mar de Aral. Ele é tão determinado quanto, aqui e agora, em nossas sociedades realmente existentes, pela lei do valor e pelas arbitragens "em tempo real" do mercado. Daí as polêmicas recorrentes sobre as ecotaxas e o direito de poluir: a relação da humanidade com suas condições naturais de reprodução não é mensurável em termos mercantis. Da mesma maneira, as questões levantadas pelas biotecnologias dizem respeito diretamente à humanidade que queremos e não queremos nos tornar. Elas não são redutíveis a critérios de classe. Mas a mercantilização do ser vivo, dos embriões ou dos genes está estreitamente ligada à lógica do capital. Não se pode dissociar a gestão dessas novas possibilidades do contexto de sua descoberta.

A opressão das mulheres (ao mesmo tempo social, sexual e simbólica) não começou com o desenvolvimento do capitalismo. Infelizmente, é provável que ela sobreviva ao reino da propriedade privada e do lucro, pois a verdade é que a evolução dos costumes e das mentalidades obedece a outros ritmos sociais que não são os das decisões legislativas. Mas as formas de opressão e de dominação têm uma história. Elas se transformam com o conjunto das relações sociais. Uma formação social dominada pelo critério do lucro produz uma estreita imbricação entre divisão social e divisão sexual do trabalho, uma mutação das relações entre esfera privada e esfera pública, uma transformação do papel da família, uma desvalorização do trabalho doméstico em relação ao trabalho assalariado. Se relações de classe e relações de sexo são irredutíveis umas às outras, então elas se determinam e se condicionam reciprocamente, de tal forma que não se poderia lutar de maneira eficaz contra a opressão sem lutar também contra a exploração.

Uma abordagem não naturalista e não étnica da questão nacional deve partir também do fato de que a nação não significa a mesma coisa e não preenche a mesma função no momento da Primavera dos Povos de 1848, na era do imperialismo moderno ou na época da globalização imperial. Atualmente, ela é determinada pelo desenvolvimento desigual e mal combinado que abala o planeta. O duplo movimento de unificação dos mercados e de fragmentação dos espaços, de criação de conjuntos continentais e de reivindicações regionais atiça frustrações sociais e nacionais. Na falta de poder se inserir num elã universalista e numa concepção cidadã da nação, essas aspirações tardias de soberania às vezes vão buscar sua legitimidade ("zoológica", dizia Renan[*]) nas raízes e no mito das origens, na genealogia e na arqueologia. Ou seja, na etnicização da idéia nacional.

A questão da cidade e da habitação não poderia ser mais dissociada daquela da propriedade fundiária e da "produção do espaço". Se aceitarmos a terminologia de Bourdieu, "o campo" escolar não é pensável sem a divisão social do trabalho; o campo jurídico (em matéria de direito internacional principalmente), sem os imperativos da globalização; o campo jornalístico, sem a multimídia e a produção mercantil das informações.

Corolário 3
"O homem plural" não é solúvel na humanidade em migalhas, nem o "eu múltiplo" na desintegração do sujeito

A propósito da condição do homem moderno, Bernard Lahire desenvolve a noção de "homem plural" e Jon Elster, a de "eu múltiplo". Uma vez que se trata de apreender no indivíduo um nó de referências e de identidades irredutíveis a uma única função social, mesmo que seja a de trabalhador assalariado, essas fórmulas são interessantes. Não se é jamais isso ou aquilo, mas

---

[*] Historiador, filósofo e escritor francês, dedicou-se à filologia e à história das religiões. A referência ao caráter "zoológico" de raça está em seu texto *Qu'est-ce qu'une nation?* [O que é uma nação?], de 1882. (N. E.)

isso e aquilo e mais alguma coisa: operário ou burguês, sexuado, branco, negro ou filho de imigrantes magrebinos, corso ou bretão, católico ou ateu. Entre essas determinações, a ênfase se dá conforme a situação, o momento e o lugar. Mas a pluralidade do homem e a multiplicidade do eu não se confundem com um "homem em migalhas", peças e pedaços, e com um eu disperso que "explode" para melhor "se estabelecer". Esse desmembramento corporal é revelador de uma desintegração do espírito.

Corolário 4
A dominação não é solúvel na hegemonia

De acordo com Ernesto Laclau e Chantal Mouffe, a teoria da hegemonia baseia-se na idéia de uma universalidade ao mesmo tempo necessária e impossível, que somente existiria encarnada no particular e por ele subvertida. Reciprocamente, a particularidade somente chegaria à política ao produzir efeitos universalizantes. Uma vez que é impossível a coincidência perfeita do universal e do particular, a relação hegemônica implica a produção de significantes tendencialmente vazios, que mantenham a incomensurabilidade entre o universal e o particular, permitindo ao segundo representar o primeiro.

Assim, Laclau e Mouffe se dedicam a libertar o conceito de hegemonia de suas determinações de classe para lhe dar o sentido de uma articulação contingente de elementos heterogêneos. Na modernidade ocidental, a política seria o outro nome dessa busca de hegemonia. O antagonismo social certamente não se resume a dois campos fundamentais. As propriedades são cada vez mais ambíguas, múltiplas e combinadas. A partir dessa constatação, dificilmente refutável, Laclau e Mouffe deduzem, por um golpe de força ideológico, que o "classismo" constitui, a partir de então, um obstáculo à articulação hegemônica de diversas subjetividades autônomas[12]. A tarefa da esquerda se limitaria, então, a "aprofundar e desenvolver a ideologia liberal no sentido de uma democratização radical e plural". Essa miragem de uma dissolução pacífica do capital na hegemonia plural reveste, na política das socialdemocracias européias, o sentido

---

[12] Alex Callinicos sobre Slavoj Žižek, em *Historical Materialism*, n. 5, jan. 2001.

eminentemente prático de um liberalismo de esquerda, se é que essas palavras são compatíveis.

A hegemonia, segundo Laclau, aparece assim como o terreno no qual se desenvolvem relações de representação constitutivas da ordem social: "a representação do irrepresentável" torna-se a própria condição da emancipação. Ela implica a não-transparência do representante para o representado ou "a irredutível autonomia do significante em relação ao significado"[13]. Sob o pretexto de uma teoria da representação, trata-se nesse caso de uma apologia da delegação. A representação de uma impossível totalidade por uma força social particular privilegia, de fato, a luta por uma democracia sem adjetivos, em levitação, reduzida a um consenso negociado ao abrigo da temível "questão social".

---

[13] Ernesto Laclau, "Identity and hegemony: the role of universality in the constitution of political logics" em Judith Butler, Ernesto Laclau e Slavoj Žižek, *Contingency, hegemony, universality*, cit., p. 66.

Oscilação (1925), de Wassily Kandinsky, um dos mais notáveis representantes das vanguardas do século XX e o grande nome da arte abstrata, ao lado de Piet Mondrian e Kasimir Malevich.

Teorema 3

A DOMINAÇÃO IMPERIAL NÃO É SOLÚVEL NAS BEATITUDES DA GLOBALIZAÇÃO MERCANTIL

Se "o mundo se estreita à medida que cresce", ele também se fragmenta à medida que se globaliza. O imperialismo é a forma que a dominação reveste sob o efeito da acumulação do capital e de seu desenvolvimento desigual. Em dois séculos, ele passou por três grandes etapas: a das conquistas coloniais e das ocupações territoriais (com a formação dos impérios coloniais franceses e britânicos); a da fusão do capital industrial e bancário, da exportação de capitais, da pilhagem das matérias-primas, característica da era do "capital financeiro", segundo Hilferding, ou do "estágio supremo do capitalismo", segundo Lenin; e, finalmente, desde a Segunda Guerra Mundial, a da dominação fracionada do mundo, das independências formais e do desenvolvimento dependente[1]. Ele se metamorfoseia novamente, sem no entanto desaparecer.

A seqüência histórica aberta pela Grande Guerra e pela Revolução Russa encerrou-se com o século. Uma nova fase da dominação imperial, reconciliando-se com as lógicas em funcionamento antes de 1914, encontra-se hoje na ordem do dia. A partir de então, ela se exerce de diversas maneiras: pela dominação financeira e monetária, que permite controlar os mecanismos do crédito e submeter as economias dolarizadas; pela dominação científica e técnica, que se exerce por uma espécie de monopólio das propriedades intelectuais; pelo controle dos recursos naturais e das reservas energéticas; pelo controle das vias comerciais; pelo patenteamento do organismo vivo; pelo exercício de uma

---

[1] Ver Alex Callinicos, *Imperialism today in marxism and the new imperialism* (Londres, Bookmarks, 1994).

hegemonia cultural, que reforça a difusão desigual das tecnologias de informação e da exportação de programas educativos; pela demonstração de uma supremacia militar ostensivamente posta em cena nas guerras do Golfo e dos Bálcãs[2].

Nessa etapa da globalização imperial, a subordinação direta dos territórios torna-se secundária em relação ao controle dos mercados. Novas relações de soberania constituem-se por meio de mecanismos disciplinares da dívida do Terceiro Mundo, da dependência energética, alimentar e sanitária dos pactos de lealdade militar. Uma nova divisão internacional do trabalho se estabelece. Alguns países, que pareciam ser os que menos mal haviam se lançado na via do desenvolvimento anunciado, caem novamente na espiral do subdesenvolvimento.

A Argentina torna-se novamente exportadora de matérias-primas (a soja é, a partir de então, seu principal produto de exportação). O Egito, que se vangloriava da soberania reconquistada, dos avanços da alfabetização (fornecendo engenheiros e administradores para os países do Golfo e do Oriente Médio), de um início de "industrialização industrializante" (como a Argélia sob o governo de Boumédiène), transforma-se no paraíso das agências de turismo; professores e médicos tornam-se garçons em cruzeiros pelo Nilo. Depois das duas crises da dívida (em 1982 e 1994) e da integração ao Nafta, a falência do populismo burocrático no México se fecha com a vitória eleitoral de um partido liberal dirigido por um ex-diretor da Coca-Cola; o país parece mais do que nunca o quintal do "colosso do Norte". Quanto à Argélia, há mais de dez anos ela se debate em conflitos confessionais e na guerra civil que se desenvolve insidiosamente.

Escólio 1

A transformação das relações de dominação e de dependência traduz-se por uma modificação da própria guerra. Não se pode mais falar de guerra no

---

[2] Ver Gilbert Achcar, *La nouvelle guerre froide: le monde après le Kosovo* (Paris, PUF, 1999, col. "Actuel Marx"); Noam Chomsky, *Le nouvel humanisme militaire* (Lausanne, Page 2, 2000); Claude Serfati, "Le bras armé de la mondialisation", *Temps Modernes*, jan.-fev. 2000.

singular, mas de múltiplas guerras, imbricadas umas nas outras[3]. Enquanto a intimação para "escolher seu campo" entre Leste e Oeste obedecia a uma logística binária pobre, as disputas entremeadas impedem qualquer abordagem maniqueísta em termos de bons e maus. Os conflitos recentes salientam a pobreza de uma resposta que exprima o ponto de vista único de um deus onividente ou de uma Internacional concebida como sua encarnação profana.

No labirinto dos interesses e das alianças, a compreensão comum das disputas continua a ser, de um lado e de outro das linhas de fogo, a condição *sine qua non* de uma política internacionalista. Ela se traduz por orientações práticas diferentes conforme a situação concreta de cada protagonista. Na Guerra das Malvinas, a oposição à expedição imperial da Inglaterra thatcheriana não obrigava de maneira alguma que os democratas argentinos apoiassem a derrocada de seus ditadores militares. No conflito entre Irã e Iraque, o derrotismo revolucionário impediu que qualquer um dos dois despotismos rivais levasse vantagem. Na Guerra do Golfo, a oposição internacional à operação Tempestade do Deserto não resultou em nenhum apoio ao regime ditatorial de Saddam Hussein.

Diante da intervenção da Otan nos Bálcãs, uma visão global da situação levou Paris, Londres, Nova York e Roma a condenar os bombardeios, sem renunciar, no entanto, a defender os jovens desertores sérvios e a apoiar a resistência armada dos kosovares por seu direito à autodeterminação. A abordagem do conflito é diferente de acordo com o lugar e o momento: a suspensão da intervenção primou nos países da Otan; a defesa do direito à autodeterminação dos kosovares foi o objetivo prioritário de uma oposição internacionalista na Sérvia; a defesa de um Estado pluriétnico e de garantias coletivas para os sérvios do Kosovo, um imperativo para resistentes kosovares ligados à pluralidade democrática.

Escólio 2

O novo discurso da guerra imperial acrescenta à retórica da "guerra justa" o mito de uma guerra santa: o fetiche de uma Humanidade com H maiúsculo e ventríloqua garantiria a continuidade do Juízo Final e do sentido da História.

---

[3] Ver Ernest Mandel, *Significado da Segunda Guerra Mundial* (São Paulo, Ática, 1989).

A cruzada "ética" pregada por Tony Blair, Bernard-Henri Lévy e Daniel Cohn-Bendit durante a intervenção da Otan nos Bálcãs confunde a moral e o direito, o humanitário e a razão de Estado. Contribui, assim, para o enfraquecimento da política, considerada entre as fatalidades de um mercado autômato e as "obrigações ilimitadas" de uma ética de mão única.

Se "a arma é a essência dos combatentes", a nova guerra tecnológica, em que o risco não é mais recíproco enquanto a supremacia técnica for esmagadora, em que a distinção entre combatentes e civis se apaga sob as condenações do suplício aéreo, prefigura as barbáries inéditas de uma guerra absoluta.

Escólio 3

Atualizar a noção de imperialismo, não só do ponto de vista das relações de dominação econômica, mas como sistema global (tecnológico, ecológico, militar, geoestratégico, institucional, cultural), torna-se urgente no momento em que cabeças, ainda ontem reputadas equilibradas, consideram que ela se tornou obsoleta com o aniquilamento de sua réplica burocrática no Leste.

Mary Kaldor foi, no início da década de 1980, uma estimuladora da campanha pelo desarmamento nuclear, contra "o exterminismo" e a instalação de mísseis Pershing na Europa. Hoje, ela avalia que "a distinção característica da era westfaliana entre paz interna e guerra externa, lei sancionada internamente e anarquia internacional, acabou junto com a Guerra Fria". Teríamos entrado numa era de "progresso constante rumo a um regime legal global". Sem temer a contradição nos termos, a partir de então alguns passaram a falar de "imperialismo ético" e Mary Kaldor, de um "imperialismo benevolente".

A campanha midiática orquestrada por ocasião da Guerra dos Bálcãs produziu um efeito de *zoom* no sofrimento (real e intolerável) dos kosovares, ocultando a perspectiva histórica e o contexto geoestratégico. Em nome da urgência humanitária, ela reduziu o acontecimento a um presente desenraizado, sem antecedente nem dia seguinte, e o discurso da guerra a uma proclamação ética despolitizada. A negação da relação de dominação imperial permite, assim, modificar os enunciados do conflito e reorganizar a visão do mundo em torno de uma oposição teológica entre o Bem (o Ocidente, as democracias, a civilização) e o Mal (o totalitarismo e os *rogue states*). A intervenção militar é então justificada antecipadamente como legítima defesa da civilização ameaçada e como expedição punitiva contra os delinqüentes ou os terroristas internacionais: o Panamá antes de ontem, o Golfo ontem, os Bálcãs hoje, a Colômbia amanhã?

Corolário 1
A soberania democrática não é solúvel na Humanidade com H maiúsculo

Houve um tempo em que uns afirmavam representar a justiça em nome de uma História com H maiúsculo. Hoje, outros (às vezes, os mesmos) afirmam administrá-la em nome da Humanidade com H maiúsculo. De onde lhes viria o direito de falar e julgar em nome dela? A humanidade não é uma substância da qual se possa apropriar, mas um futuro, uma construção, um processo de humanização. Ela se desenvolve através do direito, dos costumes, das instituições por meio de um lento trabalho de unificação das multiplicidades humanas. Até que isso aconteça, invocar uma legitimidade humanitária às vezes serve de máscara para os interesses da dominação imperial. Alain Madelin[*] ousou proclamar que a operação Força Aliada nos Bálcãs "anunciou o fim de certa concepção da política, do Estado e do Direito": "A partir de agora, o único soberano absoluto é o homem". Mas que homem? Um homem abstrato, sem história nem pertenças sociais? Esse "direito do mais fraco" é idêntico à moral do mais forte. No processo de globalização desigualitária, ele justifica a ingerência do forte no fraco e a negação unilateral das soberanias democráticas.

Corolário 2
O direito internacional não é solúvel na "moralina" humanitária

A função dos Estados-nação, tal como foi constituída no século XIX, está se esgotando. Sua substância foge para o alto, para um espaço supranacional, e para baixo, para uma fragmentação de "países" e regiões.

---

[*] Político francês ultraconservador de direita. Em 1968 foi ferrenho opositor dos movimentos estudantis. (N. E.)

A Europa viu surgirem nos últimos anos mais de dez novos Estados formalmente soberanos e se delinearem mais de 15 mil quilômetros de novas fronteiras. O termo pejorativo "soberanismo" confunde o nacionalismo rançoso e o chauvinismo nauseabundo com a aspiração legítima a uma soberania democrática contra a concorrência de todos contra todos. O direito dos bósnios, dos kosovares, dos chechenos ou dos palestinos à autodeterminação continua a ser uma reivindicação de soberania.

O direito internacional ainda está condenado a caminhar durante muito tempo sobre duas pernas e a conjugar duas legitimidades: aquela, em emergência, dos direitos universais do homem e do cidadão (algumas instituições, como o Tribunal Penal Internacional, constituem cristalizações parciais dela); e a das relações interestatais em que se baseiam instituições como a Organização das Nações Unidas. Sem atribuir à ONU virtudes que ela não tem, e sem esquecer seu saldo desastroso na Bósnia, na Somália e em Ruanda, é preciso salientar que um dos objetivos da operação Força Aliada nos Bálcãs era a modificação do projeto da nova ordem imperial em benefício da Otan (cujas missões foram ampliadas na primavera de 1999 durante a reunião de cúpula do cinqüentenário), da Organização Mundial do Comércio ou do clube fechado do G7. Tudo isso em nome de uma preocupação por eficiência, contraposta à miséria orçamentária e à impotência militar das Nações Unidas.

Constituída pelas relações de forças resultantes da Segunda Guerra Mundial, a ONU deve ser reformada e democratizada para ter em conta as mudanças do panorama planetário. Assim como o antiparlamentarismo não impede que se proponham reformas legislativas democráticas, a crítica das instituições internacionais não impede que se exija um fortalecimento dos poderes da Assembléia, uma reforma do conselho de segurança e a supressão de seu conselho permanente. Não se trata de conferir à ONU uma legitimidade legislativa também ilusória, mas de agir de maneira que uma representação da "comunidade internacional", por mais imperfeita que seja, reflita a diversidade de interesses e dos pontos de vista (como ilustrou a tomada de posição dos setenta países dominados contra um "direito de ingerência" de mão única).

Da mesma maneira, impõe-se uma reflexão crítica sobre as instituições judiciárias internacionais, como o Tribunal de Haya, os tribunais penais de exceção e o futuro Tribunal Penal Internacional.

Escólio 2.1

Philippe Corcuff adverte judiciosamente contra uma detração do humanitário que subestimaria sua dimensão política e sua contribuição para os novos movimentos sociais. Reduzindo o mundo a um simples cálculo utilitarista, equivaleria a arruinar as visões humanistas e universalistas de uma política de emancipação social[4].

O discurso humanitário certamente não é uma máscara confortável posta sobre as forças opressivas dominantes. O jogo de interesses e a defesa de valores estão sempre imbricados. Tomando, por princípio, o partido das vítimas, o engajamento dos(as) militantes humanitários(as) se opõe sempre às relações de dominação em vigor. Em sua relação com a noção problemática da humanidade, o humanitário parte de uma conquista profundamente política, considerando que todos os humanos são humanos da mesma maneira. Enfim, o humanitário levanta problemas teóricos e práticos fundamentais no contexto da globalização: o da transformação do direito internacional e o das solidariedades sem fronteiras.

Qualquer que seja a sinceridade de suas intenções, o humanitário não pode, no entanto, ser dissociado de suas implicações e de seus efeitos. Uma "política da piedade" que considerasse o sofrimento das vítimas como único fundamento e única referência os abstraria do campo concreto das relações de poder e os fecharia em uma posição de objeto de compaixão, em vez de torná-los sujeitos de sua própria emancipação. É o que, com a segurança de uma experiência indiscutível, salienta Rony Brauman quando constata "a dificuldade essencial que tem o humanitário de ver as conseqüências problemáticas de sua ação". O movimento se encaixou no molde preparado para ele. Apesar de se distanciar do conflito, do contexto, das disputas pelo poder, seu discurso generoso continua no limiar da política. É o limite (a fronteira invisível!) para além do qual "o ingresso humanitário não é mais válido" e a partir do qual o universal evocado diz respeito ao ato de fé[5].

---

[4] Ver os artigos de Philippe Corcuff e de Philippe Mesnard na revista *Mouvements*, n. 12, nov.-dez. 2000.

[5] Rony Brauman, entrevista, em Philippe Mesnard, *Consciences de la Shoah* (Paris, Kimé, 2000).

Em outras palavras, não se pode escamotear a relação que o discurso humanitário mantém com a política e a ideologia dominantes. Se o engajamento humanitário não se reduz a uma função de legitimação, dela também não escapa. Quando os donos do mundo falam de guerra ética ou de guerra humanitária, o caráter e os objetivos dessas guerras são escamoteados por trás da falsa evidência da intervenção compassiva. Disso resulta uma detestável confusão da moral e do direito, segundo a qual a pureza proclamada dos fins justificaria os mais abjetos meios.

Philippe Corcuff reconhece graves lacunas na política humanitária. A ela faltam a relação com o tempo, a memória das derrotas e das vitórias passadas e a projeção num futuro radicalmente diferente. Além disso, ela seria por demais insensível à dimensão "maquiavélica" da política e cega ao fato de que as relações de forças são suscetíveis de transformar as boas intenções em resultados catastróficos. É precisamente por isso que a ideologia humanitária, quando pretende ocupar o lugar da política, torna-se uma política sem política, ou seja, uma obra de despolitização.

Corolário 3

O bem comum da humanidade não é solúvel na privatização do mundo

Dizem que existem "lugares em que os espíritos sopram". Em novembro de 1999, Seattle tornou-se um desses lugares, símbolo de uma mudança no clima da época. Não que a atmosfera tenha se tornado subitamente escarlate, mas em comparação com o cinza sinistro dos anos Bill Gates e Soros, houve enfim uma retomada das cores. A autodissolução da santa Fundação Saint-Simon e o fato de Bernard-Henri Lévy ter novamente se interessado mais por Sartre do que por Aron são, se é que há necessidade disso, sinais irrefutáveis!

Ao percorrer o mundo e, em sua evolução, delinear uma estranha geopolítica de resistências, "o espírito de Seattle" soprou a partir de então em Millau, Praga, Genebra, Washington, Porto Alegre, Nova York, Bangcoc, Nice e Dacar. Sua proclamação inicial deu a volta no planeta: "O mundo não é uma mercadoria!". A frase vai longe, muito além de sua simplicidade bíblica, por menos que seja levada a sério. O "mundo" não é uma mercadoria? Então, o que é exatamente o mundo? Onde começa e onde acaba? Se ele não é uma mercadoria, o saber do mundo também não é, nem o organismo vivo, nem o direito à saúde, à educação e à habitação. Dessa maneira, aparece o valor pedagógico da controvérsia ambígua sobre a "exceção cultural": ela põe em evidência a necessidade de tirar do despotismo do mercado algumas atividades sociais, assim como seus produtos. Os índices da Bolsa e a ordem fatalizada da coisa econômica caminham exatamente no sentido contrário, vão até mais longe do que "a apropriação privada dos meios de produção e de troca", muito mais longe do que a privatização dos serviços e da seguridade social. A privatização generalizada do planeta estende-se às informações, ao direito (prevalecendo o contrato privado sobre a lei geral), à solidariedade (seguro privado e fundos de pensão em oposição aos seguros mútuos e à seguridade social), à violência (na França, há mais seguranças e milícias privadas do que policiais "públicos") e até mesmo aos presídios.

Ela vai ainda mais longe. A terra já era propriedade privada. Agora, trata-se das cercanias da cidade, com seus bairros protegidos e seus condomínios fechados em conglomerados urbanos que privilegiam a segurança pública para os abastados; a água, com a canalização lucrativa de Vivendi e companhia; o ar, com o projeto de um mercado mundial de direito de poluir; do organismo vivo, com o frenesi do patenteamento, com a perspectiva plausível, a partir de agora, de um mercado de embriões e de clones ou de exploração privada do genoma humano. Esse estreitamento do espaço público reduzido a uma pele de onagro é cheio de perigos para a democracia, formal ou não.

Eis que chegou o tempo dos mercenários e das máfias, das desigualdades galopantes e da cibercriminalidade. Desde as crises de 1998, as instituições internacionais se inquietam com essa evolução, certamente menos por filantropia generosa do que por temor por seus interesses. De seminários a colóquios, James Wolfensohn, presidente do Banco Mundial, espanta-se que o crescimento retomado se traduza por maiores desigualdades, por uma mortalidade infantil explosiva, por fenômenos de analfabetismo[6]. "Não há absolutamente a menor razão para milhares de crianças morrerem diariamente de doenças evitáveis!",

---

[6] James Wolfensohn, "S'unir pour agir dans une économie mondiale", *Le Monde*, 14/4/2000.

diz ele. E, no entanto, elas morrem! E ele prossegue: "Não é normal que milhões de habitantes da Ásia, da América Latina ou da África sejam privados da abundância de idéias que transformam o resto do mundo". E, no entanto, eles são privados! "Não há a menor razão para que o desenvolvimento econômico se traduza pela destruição do meio ambiente", continua ele. Entretanto, o perigo relativo ao meio ambiente cresce dia a dia. No melhor dos mundos mercantis possíveis, essas "anomalias" e desatinos são a regra. As promessas reiteradas nos encontros do G7 ou do Fundo Monetário Internacional continuam sem efeitos notórios. Os compromissos não respeitados das cúpulas do Rio e de Kyoto sobre o controle do efeito estufa são a ilustração flagrante disso.

O Relatório 2000 das Nações Unidas para o Desenvolvimento Humano mostra de maneira acachapante que o crescimento tão vangloriado dos anos 1990 não contribuiu para reduzir as desigualdades entre países ricos e países pobres, muito pelo contrário: "A relação entre o bem-estar econômico e o desenvolvimento humano não é automática nem evidente", constatam os relatores. Em nenhum lugar, o índice de desenvolvimento humano regrediu de maneira tão considerável quanto na Rússia, onde a inserção caótica no mercado mundial, longe de significar um acesso ao eldorado do consumo, levou a uma explosão das desigualdades. O crescimento também não se traduziu por uma redução da pobreza e das desigualdades nem mesmo nos países ricos. Enquanto os 20% mais ricos da população consomem na França ou na Alemanha 5 vezes mais do que os pobres, nos Estados Unidos e no Reino Unido, eles consomem de 8 a 9 vezes mais. Finalmente, o crescimento não levou a uma melhor igualdade social entre os sexos: as mulheres são, em escala planetária, as grandes vítimas da globalização liberal.

Em julho de 2000, a cúpula dos países ricos em Okinawa reconheceu "as inquietações resultantes da globalização", o agravamento dos conflitos armados e a multiplicação das crises humanitárias. Manifestou-se a preocupação de remediar os excessos da desregulamentação mercantil. Em suma, emitiu-se a resolução de uma globalização bem moderada e de uma concorrência humanizada. Piedade tocante. Efetivamente, a globalização imperial baseia-se numa contradição entre sua pretensão de universalidade e os interesses particulares do capital. Essa antinomia não poderia ser superada sem uma mudança de *software*: inventando um mundo que não seja mais uma mercadoria e opondo ao direito sagrado da propriedade o direito profano à existência, que Hegel denominava também "o direito de miséria".

Escólio 3.1

O exemplo do sistema operacional Linux e de *softwares* "livres" ilustra bem a contradição inerente à tendência à socialização dos conhecimentos. Podemos considerá-los como a tradução, em uma linguagem de programação determinada, de um raciocínio semelhante a uma argumentação matemática. Sua validação se baseia numa livre circulação de informações entre pesquisadores que permite corrigir os possíveis erros. Compreende-se melhor, então, "a ética" profissional reivindicada por alguns criadores de *softwares* livres. Ela vai além de um desafio feito aos monopólios como o da Microsoft. Revela a incorporação crescente de massa cinzenta socializada à produção e à reprodução social do todo. Da mesma maneira, na maior parte das pesquisas científicas e médicas, a circulação da informação é uma condição essencial para a confiabilidade e a qualidade. Em compensação, o patenteamento dos programas de informática faz com que as instituições públicas (de pesquisa, de estatísticas, de ensino) não possam mais pagar pelo acesso, abusivamente caro, a informações que elas ajudaram a produzir graças a financiamentos públicos!

A exigência de "livre circulação das idéias e dos conhecimentos" parece fornecer um argumento paradoxal para os chantres da livre circulação liberal e da desregulamentação radical preconizada pela Organização Mundial do Comércio. Isso significaria esquecer a diferença decisiva entre "a livre circulação mercantil", pela qual se paga um alto preço, e uma "livre circulação gratuita". O que ainda ontem podia parecer uma utopia ingênua se torna uma possibilidade efetiva. A oposição entre uma lógica de cooperação e uma lógica comercial de competição selvagem e segredo ciosamente guardado deixa entrever possibilidades animadoras: a conduta que se revelou "eficaz na concepção e no desenvolvimento de *softwares* livres poderia, de fato, ser da mesma maneira para qualquer atividade de criação"[7].

---

[7] Robert Sihol, "Les logiciels libres, une alternative à Microsoft?", *In Extenso*, Dijon, n. 10, 2000.

Escólio 3.2

A privatização do mundo tem como contrapartida uma "plublicização" crescente da vida privada. Não só dos homens ditos "públicos", que exibem sua imagem privada por necessidade de promoção midiática, mas também de cidadãos anônimos caçados em seu espaço privado pelo telemarketing, pelo circuito integrado de câmeras, pelo controle dos fluxos de comunicação ou pelos sistemas de observação militar. É o sinal de uma revolução em curso na grande divisão entre privado e público estabelecida desde a Revolução Francesa. O voyeurismo midiático e o exibicionismo fazem par: a intimidade torna-se uma mercadoria negociável e o pudor torna-se uma cafonice vitoriana. "Não há mais ninguém que não deseje ser visto", constata Michel Surya. Ele qualifica lindamente esse desejo como "desejo de *transparição*". A "visibilidade" tornou-se a palavra mestra de uma sociedade de engodos, espetáculos e aparências[8].

Esse "comércio do visível" institui, diz Paul Virilio, um "mercado do olhar" que ultrapassa de longe a função de propaganda promocional: a lei de bronze da concorrência impõe que se espiem, se comparem, se copiem e até mesmo se espionem uns aos outros, em uma ciberversão da guerra de todos contra todos. Sob a visão onividente do ciclope eletrônico, a espionagem informatizada, a denúncia e a delação generalizadas nunca estão muito longe. Multinacionais de espionagem privada se lançam na conquista do mercado da investigação. Essa vigilância globalitária se esconde por trás da celebração encantadora da "transparência", como se a inflação da palavra pudesse compensar o déficit da realidade democrática.

"A imediaticidade nua e a nudez completa" têm a partir de agora um nome, ironiza Michel Surya: "Essa época quer a transparência como outras antes dela quiseram a revolução". Considera-se que essa transparência se opõe ao segredo da instrução, ao segredo bancário, ao segredo de Estado e à opacidade dos negócios. Na realidade, inicia-se em seu nome "a maior operação de justificação ideológica" da dominação. Apesar de tudo, a democracia sai vitoriosa? "Sob o pretexto dos negócios e por trás da objurgação da transparência", a dominação

---

[8] Michel Surya, *De la domination: le capital, la transparence et les affaires* (Tours, Farrago, 1999).

do capital trabalha mais para que sejam "redefinidas as condições imprescritíveis da propriedade". Por trás da transparência diáfana e da pureza celeste, a santa propriedade terrestre!

A contra-reforma religiosa zelou outrora para que se dissimulasse o sexo dos anjos. A contra-reforma liberal se vangloria de exibi-lo. Em 1968, certa mão inspirada escreveu nos vidros do *campus* de Nanterre: "A transparência não é transcendente". Máxima premonitória.

Corolário 4
A troca entre a espécie humana e seu ambiente natural é irredutível à medida miserável dos mercados financeiros

Na raiz das desregulamentações planetárias, existe a oposição entre uma socialização crescente dos conhecimentos, do trabalho, da cultura, e sua apropriação privada: quer se trate de organizar as relações sociais, de gerenciar os recursos, de distribuir as riquezas ou de avaliar as trocas, o valor mercantil torna-se cada vez mais irracional. Proclamar que "o mundo não é uma mercadoria" quer dizer que a concorrência tem seus limites, que os benefícios atribuídos à mão invisível do mercado estão longe de compensar os crimes de seu punho visível e que o valor mercantil e monetário não é a medida de todas as coisas. A única lógica realmente alternativa seria a do serviço público e do bem comum, do direito imprescritível ao patrimônio comum da humanidade, quer se trate dos recursos naturais (a terra, a água, o ar), dos medicamentos ou dos conhecimentos acumulados ao longo dos séculos e das gerações. A idéia de um domínio público da informação, às vezes evocada a propósito do desenvolvimento das telecomunicações eletrônicas, ou a de um livre acesso dos países pobres aos medicamentos são apenas casos particulares de uma questão "global" inerente à própria "globalização" capitalista.

11 de abril de 1871. Os revoltosos da Comuna de Paris pretenderam derrubar monumentos-símbolo da dominação, como a coluna imperial da Praça Vendôme.

Teorema 4

QUAISQUER QUE SEJAM AS PALAVRAS PARA EXPRESSÁ-LO, O COMUNISMO É IRREDUTÍVEL ÀS SUAS FALSIFICAÇÕES BUROCRÁTICAS

Da mesma maneira que se esforça para dissolver o imperialismo na concorrência leal da globalização mercantil, a contra-reforma liberal quer dissolver o comunismo no stalinismo. O despotismo burocrático seria a conseqüência inevitável da aventura revolucionária, e Stalin o descendente legítimo de Lenin e Marx. O desenvolvimento histórico e o desastre obscuro do stalinismo já se encontrariam em estado latente nas noções de ditadura do proletariado ou de partido de vanguarda. Nessa nova versão do Gênese, o pecado original e o verbo comandam o mundo.

No entanto, uma teoria social é apenas uma interpretação crítica de determinada época. Embora tenhamos de procurar as lacunas e as fragilidades que a desarmaram diante das provas da história, não poderíamos julgá-la de acordo com os critérios anacrônicos de outra época. Assim, as aporias da democracia herdadas da Revolução Francesa, o impensado do pluralismo organizado, a confusão do povo, do partido e do Estado, a fusão decretada do social e do político, a cegueira diante do perigo burocrático (considerado secundário em relação ao "perigo principal" da restauração capitalista) foram propícios à contra-revolução termidoriana na Rússia dos anos 1930. Efetivamente, se concebermos a contra-revolução como "uma reação do Estado contra a sociedade"[1], então se trata realmente de uma contra-revolução colossal.

---

[1] Karl Marx, "The elections in England –Tories and whigs", *New York Daily Tribune*, 21/8/1852.

Apesar do mito refundador da tábula rasa, esse processo mistura de maneira inextricável elementos de continuidade e de descontinuidade. Objeto de muitas controvérsias, a dificuldade para datar precisamente o triunfo da reação burocrática na União Soviética resulta fundamentalmente da assimetria histórica entre revolução e contra-revolução. Esta não é a imagem invertida da revolução, uma espécie de avesso da revolução. Como dizia Joseph de Maistre (um especialista!) a propósito do Termidor, a contra-revolução não é uma revolução no sentido oposto, mas "o contrário de uma revolução". As "revoluções" ditas de veludo são o epílogo crepuscular de derrotas desde muito consumadas.

Trotski situa o início da reação termidoriana por ocasião da morte de Lenin. Mas ela somente é vitoriosa de maneira efetiva no início dos anos 1930, com a vitória do nazismo na Alemanha, o processo de Moscou, os grandes expurgos e o terrível ano de 1937. Em *Origens do totalitarismo*[*], Hannah Arendt adota uma cronologia semelhante, que data de 1933 ou 1934 o advento do totalitarismo burocrático propriamente dito. Trabalhos historiográficos mais recentes, como o de Mikaïl Guefter, baseados na experiência pessoal e na abertura dos arquivos soviéticos, chegam a conclusões análogas. Em *Russia-URSS-Russia*, o historiador Moshe Lewin evidencia a explosão quantitativa do aparelho burocrático do Estado no fim dos anos 1920. A repressão dos anos 1930 contra os movimentos populares não é o simples prolongamento do que prefiguravam, desde o início dos anos 1920, as práticas da Vetcheka ou os trabalhos forçados como pena política nas ilhas Solovki. Ela marca uma mudança de escala, um salto qualitativo, graças ao qual a burocracia do Estado destrói e digere o partido que acreditava poder controlá-la.

A descontinuidade atestada por essa contra-revolução burocrática é fundamental de um triplo ponto de vista. No que se refere ao passado: a história, que não é a narrativa absurda de um idiota, mas o resultado de fenômenos sociais, de conflitos de interesses de final incerto, de acontecimentos decisivos em que as massas, e não somente os conceitos, estão em jogo. No que diz respeito ao presente: os efeitos em cadeia da contra-revolução stalinista contaminaram toda a época e perverteram de maneira duradoura o movimento operário inter-

---

[*] Hannah Arendt, *Origens do totalitarismo* (São Paulo, Companhia das Letras, 1989). (N. T.)

nacional; muitas contradições e impossibilidades presentes são ininteligíveis sem uma compreensão profunda do stalinismo. Finalmente, no que se refere ao futuro: as conseqüências dessa contra-revolução, em que o perigo burocrático ganhou formas e proporções inéditas, ainda pesarão durante muito tempo nos ombros das novas gerações. Como escreveu Eric Hobsbawm, "não poderíamos compreender a história do 'curto século XX' sem a Revolução Russa e seus efeitos diretos e indiretos".

Corolário
A democracia socialista não é solúvel no estatismo burocrático

Deduzir a contra-revolução stalinista dos vícios originais do "leninismo", noção forjada em 1924 no V Congresso da Internacional Comunista para legitimar a nova ortodoxia do Estado, não é apenas historicamente falso, mas é politicamente mistificador. Bastaria então ter compreendido e corrigido os erros e os desvios teóricos para se prevenir contra os "perigos profissionais do poder" e garantir uma sociedade democrática transparente!

A lição dessa experiência desastrosa impõe a renúncia ao curinga da abundância que dispensaria a sociedade de escolhas e arbitragens: se as necessidades sociais são históricas, a abundância é obrigatoriamente relativa. A dura experiência do século impõe também a renúncia – as duas coisas caminham juntas – ao mito de uma transparência absoluta, baseada na homogeneidade do povo bom (ou do proletariado libertado) e na rápida abolição do Estado. É preciso tirar todas as conseqüências da "discordância dos tempos": as escolhas econômicas, ecológicas, jurídicas, os costumes, as mentalidades, a arte dependem de temporalidades diferentes. As contradições de gênero e de geração não se resolvem da mesma maneira nem no mesmo ritmo que os antagonismos de classe. A hipótese do enfraquecimento do Estado e do direito, enquanto esferas separadas, não poderia significar sua abolição por decreto, sob pena de ver antes a sociedade estatizada que o poder socializado.

A burocracia não é a conseqüência deplorável de uma idéia falsa, mas um fenômeno social. Ele assumiu uma forma particular na acumulação primitiva na Rússia e na China, mas planta suas raízes na gestão da penúria e na divisão social do trabalho. Ele existe, em diversos graus, de maneira universal. Essa lição histórica incita ao aprofundamento de suas conseqüências programáticas concernentes principalmente a um pluralismo político inicial, à independência e à autonomia dos movimentos sociais em relação ao Estado e aos partidos, a uma cultura do direito e a uma separação dos poderes[2]. No vocabulário político dos séculos XVIII e XIX, o termo "ditadura" tinha a conotação de uma instituição virtuosa – o poder de exceção temporária legalmente designado pelo Senado romano –, em oposição à "tirania", que era o nome do poder arbitrário[3]. Hoje, ele se tornou carregado demais de ambigüidades e associado a experiências históricas extremamente dolorosas para ainda poder ser utilizado sem risco de confusão.

Essa simples constatação necessariamente traz à tona as questões da democracia representativa, da relação entre o social e o político, das condições de enfraquecimento da dominação às quais, sob a forma "enfim encontrada" da Comuna de Paris, a "ditadura do proletariado" pretendia dar uma resposta.

Escólio 1

Pensar o stalinismo, não como a conseqüência inevitável de Outubro, mas como uma contra-revolução burocrática enraizada em contradições sociais colossais, permite dirimir o caráter fatalista da história. Atualmente, isso está longe de ser a coisa mais compartilhada do mundo. Contra-reformadores liberais e stalinistas arrependidos concordam em ver na reação stalinista o desenvolvimento genético natural da revolução bolchevique. Também chegam a essa conclusão os "renovadores" pós-stalinistas, quando pensam o stalinismo como um "desvio teórico" e não como uma terrível reação social.

Roger Martelli vê no stalinismo essencialmente um avatar da "forma partido". Por não ter avaliado seu papel socialmente contra-revolucionário, ele situa "o apogeu do comunismo"... após 1945! Em *Commencer par les fins*,

---

[2] Ver o documento sobre *La démocratie socialiste* adotado em 1979 pelo XI Congresso da IV Internacional.

[3] Ver Alessandri Galante Garrone, *Les révolutionnaires du XIXe siècle* (Paris, Champ Libre, 1975).

Lucien Sève avalia, ao contrário, que a etapa "socialista", concebida como etapa preliminar da sociedade comunista, distanciou-se desta, em vez de aproximar-se, sob as formas gêmeas do estatismo socialdemocrata e do despotismo stalinista. Essa tese poderia suscitar um debate fecundo se fosse articulada com as controvérsias históricas e estratégicas do período entre as duas grandes guerras, sobre a "revolução permanente" e "o socialismo em um único país", não só a partir das teses de Trotski, mas também dos escritos de Gramsci e de José Carlos Mariátegui[4].

A ênfase dada a um "erro" teórico desligado dos processos históricos e sociais de burocratização sugere que bastaria corrigi-lo para dissipar o perigo burocrático. A explicação do stalinismo como sendo um "desvio teórico" lembra, então, a procura de um pecado original. Ela leva não só a uma liquidação do "leninismo", mas também, em grande medida, a uma renúncia ao marxismo crítico, ou mesmo à herança do Iluminismo: da culpa de Lenin, logo se remontou à "culpa de Marx" e mesmo à "culpa de Rousseau"!

Se o stalinismo foi essencialmente fruto de um "desconhecimento", como escreve Martelli, uma maior lucidez teórica deveria ser suficiente para se proteger dele[5]. Seria extremamente simples. No que diz respeito ao desconhecimento, a pobreza desses debates comprova uma espessa camada de ignorância e de esquecimento que recobre as grandes polêmicas do passado. No entanto, elas foram ilustradas – entre outros – pelas contribuições de Trotski, Preobrajenski, Pannekoek, Dunayevskaia, Bruno Rizzi, Burnham, Milovan Djilas, Ernest Mandel, Rudolf Bahro, Tony Cliff, Pierre Naville, David Rousset e Moshe Lewin; ou ainda pelas de Georg Lukács, Henri Lefebvre e Merleau-Ponty. Nessas contribuições encontramos uma exigência intelectual e uma cultura histórica muito diferentes dos balbucios recentes, que, no entanto, se beneficiam de fontes incomparavelmente mais numerosas e mais precisas.

---

[4] Lucien Sève, *Commencer par les fins*, cit.
[5] Roger Martelli, *Le communisme, autrement*, cit.

Escólio 2

A publicação francesa de *A era dos extremos*, de Eric Hobsbawm, foi aclamada pela esquerda como uma obra de salubridade intelectual, que contestava a historiografia de Furet e a judiciarização da história conforme Stéphane Courtois. Essa recepção revestida de uma ligeira sensação de alívio deixa na sombra a parte problemática do livro. Hobsbawm não nega a responsabilidade dos demolidores termidorianos, mas a minimiza e registra o que aconteceu como o que deveria necessariamente acontecer em virtude das leis objetivas da história.

Não vendo o que poderia ter sido feito de diferente, ele chega ao que considera o paradoxo desse "estranho século": "O resultado mais duradouro da Revolução de Outubro foi salvar seu adversário na guerra, assim como na paz, incitando-o a reformar-se"[6]. Como se tratasse de um desenvolvimento natural da revolução e não do resultado contingente dos enormes conflitos sociais e políticos cujo desfecho foi a contra-revolução stalinista!

A objetivação da história realmente existente em detrimento de suas possibilidades descartadas levou logicamente à avaliação de que, em 1920, "os bolcheviques cometeram um erro que, com o tempo, parece fundamental: a divisão do movimento operário internacional"[7]. Embora as circunstâncias nas quais foram adotadas e aplicadas as "21 condições de adesão à Internacional Comunista" requeiram uma análise crítica, não se pode imputar a divisão do movimento operário internacional a um erro doutrinário, mas ao choque básico da própria revolução, que determinou um novo divisor de águas entre os que tomaram sua defesa (mesmo que fosse crítica, como Rosa Luxemburgo) e os que se associaram mais, ou menos, à santa aliança imperialista.

O historicismo de Hobsbawm tem a ver com a problemática que leva algumas pessoas a considerar um "Congresso de Tours às avessas". Embora o período entre guerras signifique, para ele, uma "guerra civil ideológica em escala internacional", ela não opõe as classes fundamentais, o capital e a revolução social, mas "valores": progresso e reação, iluminismo e obscurantismo, antifascismo e fascismo. Nessa perspectiva, o balanço crítico da Revolução Alemã, da Revolução Chinesa de

---

[6] Eric Hobsbawm, *A era dos extremos* (São Paulo, Companhia das Letras, 1995).

[7] Idem.

1926-1927, da Guerra Civil Espanhola e das frentes populares foi nulo. Por não encarar para valer a contra-revolução burocrática, Hobsbawm se contenta em registrar que, desde o início dos anos 1920, "quando a poeira das batalhas baixou, o antigo império russo ortodoxo dos czares ressurgiu essencialmente intato, mas sob a autoridade dos bolcheviques". No entanto, somente em 1956, com o aniquilamento da Revolução Húngara, "a tradição da revolução social se esgotou" e "a desintegração do movimento internacional que lhe era devotado" deu provas da "extinção da revolução mundial", como um fogo que se apaga lentamente na sombra da noite. Afinal de contas, "foi sobretudo pela organização que o bolchevismo de Lenin mudou o mundo"! Dessas idéias a atribuir a revolução a uma técnica comprovada de golpe de Estado não há uma grande distância.

Essa oração fúnebre evita uma crítica séria da burocracia, designada *en passant* como um simples inconveniente da economia planejada estabelecida com base na propriedade social. Como se essa propriedade fosse, na Rússia burocrática, realmente social! E como se essa burocracia constituísse um lamentável gasto extraordinário, em vez de uma terrível força de opressão e de reação!

Apesar de suas qualidades, o trabalho de Hobsbawm se insere, assim, na perspectiva de uma "história historiográfica" mais do que de uma "história crítica" ou estratégica, que dá muita importância às grandes bifurcações descritivas dos acontecimentos. Pierre Naville salientou bem o impacto desse viés metodológico:

> Os advogados do fato consumado, quaisquer que sejam eles, jamais cometem um erro. É que os historiadores, paradoxalmente, têm uma visão mais curta que os homens políticos. O marxismo ativo e militante tende a uma ótica freqüentemente contrária à da história.

Ao afirmar que a política deve, a partir de então, "primar sobre a história", Walter Benjamin segue na mesma direção. Os historiadores, que acham que o acontecimento revolucionário é natural quando o movimento avança, são freqüentemente os primeiros a atacá-lo quando as coisas se complicam e torna-se necessário ir contra a corrente. Eles têm então a maior dificuldade para conceber o imperativo político de "escovar a história a contrapelo"[8].

---

[8] Walter Benjamin, *Thèses sur le concept d'histoire* (Paris, Denoël, 1971). [Essas teses foram publicadas no Brasil em Michael Löwy, *Walter Benjamin: aviso de*

Conclui Naville:

Isso dá à história a possibilidade de expor sua sabedoria retrospectiva enumerando e catalogando os fatos, as omissões, as besteiras. Mas infelizmente esses historiadores se abstêm de indicar a via justa que teria permitido conduzir um moderado à vitória revolucionária ou, ao contrário, teria permitido indicar uma política revolucionária razoável e vitoriosa em um período termidoriano.

Escólio 3

Impõe-se uma discussão aprofundada, tanto sobre a noção de totalitarismo em geral (e sobre suas relações com a época do imperialismo moderno) quanto sobre a do "totalitarismo burocrático" em particular. Ficamos impressionados com o uso freqüente que Trotski faz dessa categoria, cuja máxima ele cunha magistralmente em sua obra *Stalin*: "A sociedade sou eu!". No entanto, ele não estabelece de maneira precisa o status de um conceito que pode se mostrar útil para se pensar ao mesmo tempo algumas tendências contemporâneas (pulverização das classes em massas, etnicização e enfraquecimento tendencial da política) analisadas por Hannah Arendt em sua trilogia sobre as *Origens do totalitarismo*, nem a forma específica que elas tomam no caso particular do totalitarismo burocrático. Esse esclarecimento permitiria evitar que um uso vulgar e extremamente elástico servisse para fazer da oposição entre democracia pura e totalitarismo indefinido a única linha divisória legítima de nosso tempo.

Escólio 4

As tentativas de explicação do stalinismo (por meio das teses do "capitalismo de Estado", de Mattick a Tony Cliff; da "nova classe exploradora", de Rizzi a Burnham ou Castoriadis; do "Estado operário degenerado", de Trotski a Ernest Mandel) tiveram conseqüências práticas divergentes. No entanto, são todas compatíveis com a idéia de uma contra-revolução burocrática. Insistir nessa última caracterização não implica de maneira alguma enterrar o debate sobre o

---

incêndio: uma leitura das "Teses sobre o conceito de história" (São Paulo, Boitempo, 2005). (N. T.)]

balanço das revoluções no século, e sim retomá-lo graças a um melhor distanciamento crítico[9]. Quando se afirma que a luta contra a nomenclatura no poder exigia uma nova revolução social e não só uma revolução política, não se trata de uma simples questão terminológica. De acordo com a tese de Trotski, desenvolvida por Mandel, a contradição principal da sociedade de transição situava-se entre a forma socializada da economia planejada e as normas burguesas de distribuição na origem dos privilégios e do parasitismo burocrático. A "revolução política" teria consistido, então, em pôr a superestrutura política em conformidade com a infra-estrutura social dada. Isso é esquecer que,

> nas sociedades pós-capitalistas, o Estado é parte da infra-estrutura, uma vez que desempenha um papel determinante na estruturação das relações de produção; é por esse viés que, para além da forma salarial comum, a burocracia, grupo social estatal, pode se encontrar em relações de exploração com os produtores diretos.[10]

A observação é pertinente, embora fosse melhor evitar fantasiar essas sociedades com um "pós" alusivo, como se elas viessem cronologicamente "depois do" capitalismo, enquanto dele são contemporâneas e continuam determinadas pelas contradições da acumulação do capital em escala mundial.

---

[9] Ver as contribuições de Catherine Samary, Michel Lequenne e Antoine Artous em *Critique Communiste*, n. 157, 2000.

[10] Antoine Artous, "Ernest Mandel et la problématique des États ouvriers", *Critique Communiste*, n. 157, 2000.

A harmonia das formas circulares é relativizada pelo dinamismo das linhas oblíquas e verticais, no cubo-futurismo da artista russa Liubov Popova: *Construção da força espacial* (1920-1).

Teorema 5

A DIALÉTICA DA RAZÃO É IRREDUTÍVEL AO ESPELHO QUEBRADO DA PÓS-MODERNIDADE

O discurso filosófico da modernidade foi, diz Habermas, "impregnado pelo pressentimento de que algo está prestes a acontecer". Procurava-se um sentido para a história universal: o da odisséia da razão e do progresso ilimitado. A grande desilusão de 1848 arranhou essa bela confiança no futuro. Críticos da modernidade, Baudelaire e Nietzsche são também precursores da pós-modernidade. Órfão de sua dimensão sagrada, a arte busca para si novas funções pedagógicas e críticas. Torna-se em si mesma seu próprio fim; o artista aparece como a antítese do trabalhador forçado; e sua obra, desafiando o tempo, como a antítese da mercadoria perecível.

Ao privilegiar uma periodização estética, as noções de modernidade e de pós-modernidade não constituem duas seqüências cronológicas, mas duas tendências contraditórias inerentes à lógica do valor que se valoriza: centralização e fragmentação, cristalização e dissolução, deslocamento e territorialização, economia durável e dilapidação efêmera, unidade e dispersão, universalidade e singularidade, razão e desrazão. Elas parecem obter vantagem alternadamente em função das variações de conjuntura. A pós-modernidade triunfa nos momentos de doença e de depressão, quando soa a hora do ecletismo e da resignação. Ela acompanha, hoje, sua musiquinha de câmara da contra-reforma liberal, a desregulamentação mercantil e a acumulação flexível. Tendência histórica ou fenômeno transitório?

Desde o *Manifesto Comunista*, Marx pegou em sua fonte esse duplo movimento: "Tudo o que era sólido e estável se desmancha no ar, tudo o que era sagrado é profanado". Máximas da modernidade, como sustenta Marshall

Berman? Ou temas característicos da pós-modernidade, como afirma David Harvey[1]? Sem dúvida, ambos, na medida em que a própria modernidade é desde o início ambivalente. Baudelaire vê no enlace do eterno e do efêmero seu próprio espírito: "A modernidade é o transitório, o fugidio, o contingente, a metade da arte da qual a outra metade é o eterno e o imutável". Nietzsche ressalta a singularidade autodestruidora da época:

> Esse mundo, um monstro de energia, sem começo nem fim, confinado pelo nada como numa fronteira; um mar de forças se revolvendo e rebentando, eternamente mudando e eternamente recomeçando... Meu mundo dionisíaco, perpetuamente se autoproduzindo e perpetuamente se autodestruindo, esse mundo misterioso além do bem e do mal, sem outro objetivo a não ser a alegria do círculo, que é em si mesmo seu próprio objetivo.

Em sua *Lettre de Lord Chandos*, manifesto da dissolução da palavra e da narrativa, do esmigalhamento, da pululação e da dissipação de todas as coisas, Hofmannsthal descreve um mundo "fugaz em toda parte":

> Meu caso é brevemente o seguinte: perdi totalmente a capacidade de pensar ou de falar de maneira coerente sobre o que quer que seja. Para mim, tudo se desagrega em partes, essas partes em outras partes, e nada mais permite circunscrever um conceito.

Todos modernos? Ou pós-modernos?

O "discurso filosófico da modernidade" apresentava-se como uma retórica da clareza, como uma lógica do terceiro excluído, da incompatibilidade dos contrários, da repulsa à mistura, ao híbrido, ao mestiço, ao heterogêneo, ao impuro e ao bizarro, de aversão ao "viscoso" (Sartre) e ao abjeto (Kristeva). Ele iniciou uma guerra sem perdão contra o ambíguo e o irresoluto. Inversamente, o gosto pós-moderno pela ambivalência e pelo incompleto associa-se hoje a uma dúvida muito pouco metódica e a um relativismo cético mais senil do que crítico.

A pós-modernidade aparece, assim, como um protesto recorrente contra a modernidade, contra a matematização do espaço e do tempo, contra o despo-

---

[1] Marshall Berman, *Tudo o que é sólido desmancha no ar: a aventura da modernidade* (São Paulo, Companhia das Letras, 1986); David Harvey, *Condição pós-moderna* (São Paulo, Loyola, 1992).

tismo do mapa e do cronômetro, contra os efeitos da urbanização maciça e do trabalho forçado. Ela exprime uma revolta contra a fé secular no sentido da história e na ordem do progresso. Pretende apresentar uma revanche às rudes disciplinas da razão, tão freqüentemente associadas à dominação do Estado e às ilusões do Progresso.

À imagem da Baixa Idade Média, a "baixa modernidade" (aquela do "capitalismo tardio", de acordo com a expressão que Fredric Jameson toma emprestada de Ernest Mandel) conhece a dissolução das regras e o desregramento da medida. Sob o choque da mercantilização generalizada, ela traduz um processo de confusão e de falta de diferenciação. Celebra-se a miscelânea, a mistura e a transversalidade, tendo como contraponto o aumento dos fantasmas purificadores. Não há mais povo, mas "pessoas" sem qualidades. Não há mais classes, mas clãs, lobbies e máfias. Não há mais projetos, manifestos, vanguardas, mas fragmentos e aforismos. Artísticas ou políticas, as vanguardas envelheceram, reduzidas por uma irônica inversão de sentido a proteger as retaguardas de uma civilização ameaçada.

A política passa diretamente do arco-íris para o monocromo. A cultura do consenso triunfa sobre a do conflito. O pós-moderno, resume Perry Anderson, "é o que acontece quando o adversário [de classe] parece ter-se retirado sem ter sofrido derrota".

Esse discurso depressivo deixa pouca esperança de se inverter a ordem do capitalismo e sua "violência capitalizada". Ele põe unilateralmente a ênfase em uma das tendências do fetichismo mercantil. No entanto, não traduz as fatalidades tecnológicas da revolução da informática, mas a combinação dessa revolução técnica com as derrotas políticas sofridas nos últimos vinte anos. Intimamente ligada à "crítica social" (das injustiças e das desigualdades) nos anos 1960 e 1970, a "crítica artística" (ou "societal") da alienação dela se separa assim sob o golpe de desilusões propícias às cooptações sociais e às carreiras domesticadas[2]. A linguagem do comércio e do consumo triunfa. A moda faz as vezes da novidade. Sob o pretexto de acabar com o cálculo egoísta e com a razão instrumental, a hora é do simulacro e do postiço. Convida-se, a partir de então,

---

[2] Ver Luc Boltanski e Eve Chiapello, *Le nouvel esprit du capitalisme* (Paris, Seuil, 1999); Michel Surya, *Portrait de l'intellectuel en animal de compagnie* (Paris, Farrago, 2000).

sem vergonha nem escrúpulos, para a dança macabra do Capital e a roda infernal das mercadorias.

O reencantamento pós-moderno e sua mitologia não constituem, no entanto, um antídoto para as desrazões modernas. A recusa à argumentação racional, a dissolução da totalidade nas partes, o obscurecimento da universalidade em benefício das origens, das raízes e das propriedades, a estetização despolitizante da política presidem as novas núpcias bárbaras da arte e da técnica.

Como as duas faces de Jano, modernidade e pós-modernidade constituem, então, os dois pólos magnéticos da acumulação do capital. A oposição entre modernismo e pós-modernismo se apaga para "dar lugar à análise das relações internas produzidas pelo Capital em sua totalidade"[3].

Delineia-se, assim, o bom uso possível da crítica pós-moderna. Ela estimula não tratar a diferença e a alteridade como aditivos acessórios à crítica da economia política. Contribui para dar toda a sua importância à produção simbólica na reprodução social. Convida a analisar as condições espaciais e temporais da democracia política. Reabilita o papel crucial da "produção do espaço". Atualiza um materialismo geo-histórico confrontado com a recomposição dos territórios e com a rotação acelerada do capital, com a histerização da vida cotidiana e com o sentimento mórbido de fuga do tempo.

Apesar de sua pertinência, essa crítica não poderia, entretanto, fazer tábula rasa do Iluminismo da modernidade, de seu horizonte de universalidade e de sua ambição de verdade.

Escólio 1

De acordo com a fórmula canônica de Baudelaire, a modernidade caracteriza-se como o que é efêmero e fugaz, como o transitório oposto ao ideal de beleza eterna. A pós-modernidade aparece, então, simplesmente como uma modernidade acentuada ou como uma modernidade ao quadrado. Conseqüentemente, a ausência de consenso sobre sua definição e as dificuldades de periodização que levam a duvidar de sua pertinência: a elasticidade do conceito lhe custa uma imprecisão desencorajadora.

---

[3] David Harvey, *Condição pós-moderna*, cit.

De maneira geral, o termo pós-modernidade representa simplesmente a condição humana após a perda de confiança nas grandes promessas do futuro. Para Zygmunt Bauman, é a morte do comunismo enquanto aventura exemplar da modernidade que coloca um fim no pesadelo do progresso e apaga as Luzes. Alguns autores consideram sobretudo que, se a pós-modernidade coexiste com a modernidade, a querela da qual é objeto salienta uma relação inédita de continuidade–descontinuidade na reprodução da ordem existente[4].

A modernidade designaria, assim, uma configuração social, política e cultural, organizada em torno da busca sistemática do lucro, do desenvolvimento científico, do Estado nacional moderno e da grande promessa de progresso perpétuo. O intelectual "legislador" seria, segundo Bauman, seu padre secular, aquele que enuncia a lei e zela para que ela seja respeitada.

Inversamente, a pós-modernidade traduziria o enfraquecimento e o enxugamento dos Estados nacionais, o abandono dos compromissos keynesianos e das formas de economia dirigida, o crescimento da incerteza e da insegurança. De legisladores, os intelectuais destronados tornar-se-iam simples comentaristas e intérpretes de sinais.

Corolário 1
A totalidade é irredutível a seus fragmentos esparsos

O discurso filosófico da pós-modernidade aparece como uma obra metódica de despolitização do social e de estetização da política. Sob o choque da compressão espaço-temporal ligada à acumulação globalizada do capital, o espaço público se deteriora. As solidariedades se desfazem na decomposição do "eu múltiplo" e nas subjetividades pulverizadas de uma socialização em migalhas. A individualização em série do consumidor de massa responde à diversidade das estruturas de opressão e dos campos de dominação aos quais ele é, a partir de

---

[4] Ver Fredric Jameson, *Pós-modernismo: a lógica cultural do capitalismo tardio*, cit., e *A virada cultural* (Rio de Janeiro, Civilização Brasileira, 2006); Perry Anderson, *As origens da pós-modernidade* (Rio de Janeiro, Jorge Zahar, 1999); Alex Callinicos, *Against postmodernity* (Cambridge, Polity Press, 1989).

então, submetido (pertenças de classe, gênero, sexo, etnia, nação). Nenhuma contradição, principal ou transversal, parece estar em condições de combiná-los e unificá-los.

No entanto, uma "grande narrativa" sobrevive ao fim anunciado do Sujeito com S maiúsculo e de sua narração épica: a do Capital ventríloquo, sujeito tirânico impessoal na cena desolada do mundo. Os indivíduos são, à sua revelia e contra a sua vontade, os órgãos e os membros deste. A ideologia dominante se perpetua, assim, no fim proclamado das ideologias.

Sem horizonte de espera nem seqüência nas idéias, "o eu pontual" flutua ao longo do instante. A pluralidade do social se reproduz, assim, na multiplicidade íntima dos "eus" contraditórios que se disputam neuroticamente em cada um e cada uma: "Está bem! Eu me contradigo... Sou amplo... Contenho uma multidão..."[5]. Essa conjuração dos egos quase não permite reconciliar o respeito reivindicado das identidades oprimidas com o ideal de igualdade proclamado. Uma sociedade "multicultural" suporia ao menos uma noção compartilhada de pluralidade e tolerância, o que está longe de ser obtido.

Surge, assim, o perigo de uma recusa dogmática da totalidade, de sua decomposição, como escreveu Hofmannsthal, em "partes de partes" sem coerência de conjunto, reduzidas a membros esparsos e a antinomias estéreis.

A destotalização pós-moderna pressupõe paradoxalmente a mediação de uma totalidade articulada e sua determinação em última instância. Na falta disso, a sopa de legumes literários e o caldeirão de culturas mercantis não constituiriam nem sequer mais um pensamento. Para Hegel, ao contrário, um é sempre um do outro no devir de uma totalidade em movimento[6]. A lógica interna do Capital certamente não é a de uma totalidade substancial, mas de uma totalidade relacional, de um organismo vivo, de um sistema cibernético, e não de uma mecânica de sentido único. Como no célebre teste de psicologia das formas, ela pode ser percebida ora como um pato, ora como um coelho. A totalidade dá sentido à sua unidade: pato *e* coelho! Mas, para

---

[5] Walt Whitman.

[6] Em *Marxism and totality: the adventures of a concept from Lukács to Habermas* (Berkeley/Los Angeles, University of California Press, 1984), Martin Jay traçou novamente as aventuras desse conceito de totalidade e suas transformações históricas.

perceber o coelho, é preciso começar por se desprender da falsa evidência unilateral do pato.

A heterogeneidade supõe a homogeneidade. O outro, o mesmo. A medida relativa, a medida absoluta[7]. E a parte, o todo. Para que diferentes pontos de vista façam sentido simultaneamente, é preciso admitir um fundo comum. Para Lukács, a parte somente tem sentido como passagem e como momento de totalização; pois a totalidade não dogmática não é Ser ou Essência, mas devir. A "categoria crucial" da totalidade concreta opõe-se, assim, à lógica de atomização e de fragmentação própria da reprodução do capital. Opõe-se à totalidade abstrata, à "totalidade falsa" que pesa sobre o conjunto das relações sociais e obriga a se pensar, queira ou não, sob a condição do capital.

Enquanto a ideologia dominante é a da imediaticidade e das aparências, sua crítica combate as evidências enganadoras dos fatos pulverizados e o falso concreto dos dados imediatos da consciência: "A categoria somente se torna dialética no contexto da totalidade"[8].

A "totalidade articulada à dominante" invocada por Althusser leva em conta, assim, o papel das mediações e a desarmonia dos tempos. Ela só é pensável através de seu desenvolvimento histórico. Manifestação de uma "causa ausente", ela se parece mais com o "deus escondido" de Pascal do que com a "totalidade expressiva" de Hegel, da qual cada parte seria a emanação e o holograma do todo.

A totalização dialética supõe a impossibilidade, para sujeitos particulares, de terem acesso a essa posição suspensa. Num contexto em que a exaltação do instante se opõe à inteligibilidade histórica, em que os conceitos universalizantes são enfraquecidos, o de totalidade torna-se suspeito de desvios totalitários. Mas o fato de considerar "modestamente" o capitalismo um conjunto incoerente, simples colagem de dominações justapostas, e não um todo gover-

---

[7] A medida absoluta, antigamente denominada "metrética", corresponde à própria idéia de medida sobre a qual se baseia a possibilidade da medida de acordo com a própria coisa.

[8] G. Lukács, *In defense of* History and class consciousness*: tailism and the dialectic,* cit., p. 113. Damascius já considerava que o primeiro ato do pensamento consiste em "estabelecer o todo". Mas, acrescenta ele, a negação do todo é precisamente a condição da afirmação do todo.

nado por uma lógica imanente, permite conciliar as resistências parciais e pontuais com a subordinação global à dominação do sistema.

Para Fredric Jameson, a teoria de Marx responde a um "imperativo de totalização". A "guerra à totalidade" expressaria inversamente um temor difuso em relação a qualquer projeto radical de revolução social. Uma vez dissipado esse mal-entendido, a verdadeira questão posta pela perspectiva de totalidade é a das condições históricas de que ela seja possível.

Escólio 1.1

Em *Político*, de Platão, o estrangeiro de Eléia se opõe à divisão entre gregos e não-gregos que grous dividiriam os seres vivos em grous e não-grous. O todo comanda a lógica da diferenciação e da contradição. As classes, os grupos, os gêneros não são substâncias autônomas, exteriores e indiferentes umas às outras, que somente entrariam em oposição em um segundo momento, mas os pólos conflituosos de uma relação interna à totalidade. Na formação social contemporânea, essa relação é simplesmente o próprio Capital.

Escólio 1.2

Não nos livramos facilmente da totalidade. Pierre Bourdieu fala de totalização hipotética ou condicional. Henri Lefebvre, de "totalização aberta". Sartre, de "totalidade destotalizada": "Só pode haver luta se o Todo não for jamais a unidade sintética total e se as partes nunca se isolarem completamente"[9]. Se a totalidade abstrata tem uma conduta totalitária, a totalização concreta, aberta à sua própria negação, opõe-se à tirania do absoluto.

Em uma polêmica com Lukács, Adorno rejeita com toda a razão a miragem de uma totalidade apaziguada e harmoniosa, de uma visão do mundo unificada em um sistema não problemático de valores estéticos e morais. Ele opõe a ela o trabalho da negativa e do detalhe que resume e refrata o todo. Nem por isso a totalidade desaparece. Ela se reconstrói sem cessar a partir de suas partes. Da mesma maneira que a universalização supõe o universalizável e a unificação

---

[9] Jean-Paul Sartre, *Cahiers pour une morale* (Paris, Gallimard, 1983), p. 92.

supõe o unificável, essa totalidade relacional, ou processo de totalização nos antípodas de uma totalidade despótica preestabelecida, supõe algo totalizável. Em outras palavras: da totalidade, do universal e da unidade ao estado de possibilidades em mudança.

Escólio 1.3

A liquidação pós-moderna da totalidade aparece como uma rejeição dogmática das estruturas e dos sistemas. Ela vai contra pesquisas em ciências naturais (biologia ou química orgânica) e sociais (quer se trate de teorias da informação ou do conceito de ecossistema, central no desenvolvimento de uma ecologia crítica). Desde a lingüística de Saussure e da *Teoria geral dos sistemas*[*], de Bertalanffy, as noções de causalidade estrutural (ou sistêmica), de auto-regulação e de homeostasia têm aplicações cada vez mais amplas. Elas não dizem respeito nem a uma lógica mecânica nem a simples combinações químicas, mas a uma lógica orgânica da totalidade. Sem o sistema da língua, a palavra não teria sentido. Sem a coerência de um modo de produção, as relações sociais se reduziriam a um agregado ininteligível.

Em vez de repudiar a lógica dialética da totalização, melhor seria se dedicar a elucidar o modo de articulação entre o todo e suas partes. "Determinação em última instância", eficácia própria de uma causa ausente? "A verdade é que não podemos deixar de nos perguntar sobre a sociedade global", diz Pierre Bourdieu. A relação entre os diferentes campos da prática social para ele toma a forma de "homologia". A pergunta permanece: o que fundamenta o isomorfismo entre esses campos? Todos eles desempenham um papel equivalente? Em uma formação social historicamente determinada, algumas relações (de sexo e de classe) ganham uma importância particular que repercute nas outras esferas da vida social sem, no entanto, abolir sua autonomia relativa? O capital não reduz a dominação entre os sexos a relações de classe, mas transforma suas modalidades mudando a função da família. Ele não esgota a questão das relações entre a sociedade e a natureza, mas coloca-a de maneira específica,

---

[*] Ludwig von Bertalanffy, *Teoria geral dos sistemas* (Rio de Janeiro, Vozes, 1975). (N. T.)

no âmbito da dimensão mercantil do mundo. Não suprime as opressões nacionais, mas as redistribui de acordo com a lei do desenvolvimento desigual e combinado.

Escólio 1.4

Jean-François Lyotard definiu a pós-modernidade como "a incredulidade em relação às grandes narrativas". O enunciado abrange tanto a rejeição do funcionalismo em benefício da mistura de estilos e de gêneros quanto as tendências pós-estruturalistas anglo-saxônicas em filosofia, ou o "novo espírito do capitalismo". Ela manifesta "um sentimento de fim" e marca uma ruptura apocalíptica com o discurso do Iluminismo e a odisséia do Progresso. O presente não tira mais sua justificativa do futuro. A verdade se liquefaz. A realidade se torna virtual. A época é de flexibilidade e de inconstância, de monstros fracos e de pensadores contorcionistas.

Essa "condição pós-moderna" é propícia aos pastiches nostálgicos de um passado histórico mitificado. Nessas condições, não é de se espantar que o reencantamento do mundo ande junto com a volta do religioso, com o milenarismo de bazar e com a "espiritualidade totalitária" da Nova Era. A partir de então, não se é mais o que se faz, mas o que se compra. O peregrino torna-se turista e consumidor de exotismo climatizado. O novo-rico, traficante de indulgências da Bolsa.

O modernismo pretendia ser uma estética da consciência de si. Ele exprimia um forte sentimento do tempo e da historicidade. Celebrava um culto da novidade permanente, cujas vanguardas eram as cabeças pesquisadoras. Para Zygmunt Bauman, a modernidade combinava, assim, o sentido da mudança permanente, o advento do Estado nacional, a consagração do poder científico, a luta profana pelo progresso terrestre e a racionalização de um capitalismo administrado. Inversamente, a condição pós-moderna surge quando se deixou de crer nas grandes promessas. Esse aniquilamento dos horizontes de espera remeteria à decadência dos Estados-nação, ao abandono das regulações keynesianas, ao declínio do imperialismo europeu. Disso resultaria um sentimento difuso de insegurança que "a sociedade de risco" de Ulrich Beck ou "a heurística do medo" de Hans Jonas expressam. Portanto, a época é de interpretações sem verdade e de proliferação de subculturas sem uma medida comum.

Em 1989, *Modernidade e holocausto*[*] marcou uma guinada na obra de Bauman, uma desafeição em relação a uma modernidade da qual ele tinha sido um fervoroso partidário. Essa reviravolta resignada resultou em uma volta identitária à judeidade, até então reprimida em nome de um universalismo resolutamente cosmopolita. Essa trajetória nada tem de excepcional: outros fizeram o caminho inverso de Damasco à Yeshivá. Em 1991, em *Modernidade e ambivalência*[**], Bauman descreve a modernidade como um desejo de ordem (econômica, cultural, militar), simbolizada pelo Panóptico de Bentham. A nova elite pós-moderna seria, ao contrário, a dos *globe-trotters* supersônicos, dos ciberguerreiros, dos financistas nômades, dos "cavaleiros conexionistas" de uma nova Idade Média. Sua visão do mundo, reticular e ramificada, seria simbolizada por um Sinóptico: em vez de uma única pessoa vigiar a multidão, são os olhares da grande maioria que convergem, a partir de então, para os heróis anêmicos do espetáculo televisivo.

Escólio 1.5

Para Fredric Jameson, a época pós-moderna é aquela que esqueceu como pensar historicamente. O pastiche sem conteúdo substitui a paródia. O frenesi do "neo" e do "pós" trai a colonização do presente pelos modos nostálgicos, como se estivéssemos condenados a fazer o falso novo com o verdadeiro velho. Enquanto o romance histórico (de Walter Scott, Dumas, Zevaco) respondia a uma experiência do presente enquanto momento histórico, a futurologia cinematográfica espacializada aniquilou o lugar nos espaços infinitos.

O modernismo representaria então "uma experiência incompleta da modernização", cujas vanguardas intrépidas exploravam a fronteira móvel. Em compensação, o pós-modernismo seria o suspiro de um período de transição, o espírito de um mundo sem espírito, a ideologia de uma nova pequena burguesia conectada e de uma nova elite globalizada em equilíbrio entre duas

---

[*] Zygmunt Bauman, *Modernidade e holocausto* (Rio de Janeiro, Jorge Zahar, 1998). (N. T.)

[**] Idem, *Modernidade e ambivalência* (Rio de Janeiro, Jorge Zahar, 1999). (N. T.)

eras do capitalismo. Consciente do caráter paradoxal de um empreendimento que procura sistematizar o que se apresenta como radicalmente anti-sistêmico, historicizar o que se quer resolutamente aistórico, Jameson não pretende nem celebrar nem condenar uma pós-modernidade esquartejada entre a aversão neo-romântica e o fascínio fetichista da mercadoria. Ele se esforça para compreendê-la de modo a melhor subvertê-la. Ela lhe aparece, então, como "uma revolução permanente na vida intelectual e na cultura", como uma resistência saudável ao perigo de petrificação em doutrinas positivas que ameaça as teorias críticas.

Ao renunciar à crítica sistêmica do capital, o jargão filosófico da pós-modernidade contribui, no entanto, para naturalizar e despolitizar o campo econômico. Ele reduz sua contestação a um reflexo de experiências lúdicas sem continuação nem projetos? Ou contribui para repolitizar resistências ainda ontem relegadas no santuário inviolável da vida privada? A relativa autonomia e o conteúdo crítico da cultura são neutralizados pela lógica mercantil do capitalismo tardio? Ou a expansão de uma cultura profana até os poros da vida cotidiana contribui para uma dessacralização libertadora? Esse dilema, ao mesmo tempo político e estético, está vinculado ao debate entre Benjamin e Adorno sobre a obra de arte na época de sua reprodução técnica e sobre a perda da aura. Colocada sob sua forma alternativa, "ou... ou", a controvérsia não tem saída. Trata-se sobretudo de trabalhar no cerne de uma contradição em que se enfrentam possíveis opostos[10].

Corolário 2
O universal não é solúvel no particular

A universalidade abstrata é freqüentemente a máscara e o álibi da dominação (colonial ou masculina). A crítica da universalidade abstrata e de seu formalismo não pode evitar a referência implícita a uma universalidade concreta em mudança: a desmistificação da primeira pressupõe a segunda. O projeto de "mudar o mundo" apóia-se em uma classe particular portadora de universalização concreta.

---

[10] Ver Walter Benjamin, *Écrits français* (Paris, Gallimard, 1990).

No entanto, esse universal deve manter, diz Ernesto Laclau, "um lugar vazio, um vazio que somente pode ser preenchido pelo particular, mas que através de sua própria vacuidade produz uma série de efeitos decisivos de desestruturação e de reestruturação das relações sociais"[11]. Qual é então o futuro do universal nas sociedades desarticuladas? Ele é condenado pela proliferação indiferente de particularismos que representam, a partir de então, as únicas alternativas modestas ao sonho de emancipação universal? Elas devem se resignar às ambições limitadas do "pensamento fraco" e a seu horizonte plúmbeo? Ou ainda se pode esperar uma retomada da emancipação universal a partir de uma multiplicidade reconhecida?

Corolário 3
O real não é solúvel no virtual, nem a busca da verdade na inconstância das opiniões

A apologia do fato consumado provém da percepção unilateral de um mundo constituído de peças soltas, sem pé nem cabeça. O fetichismo tautológico dos fatos que "são os fatos", obtusos e obstinados como fatos, é o preço da renúncia a um horizonte de verdade. O pensamento se dá, ao contrário, no devir que ele ajuda a determinar.

Slavoj Žižek sustenta que a política revolucionária não é uma questão de opinião, mas de verdade. Do ponto de vista da totalidade, no entanto, falsidade e verdade brincam de esconde-esconde. "Tu seguirás a via da verdade e evitarás a via da opinião", recomenda Parmênides. Como se as duas vias fossem paralelas ou categoricamente opostas, sem cruzamentos nem interseções. A condenação do sofista como antifilósofo, por Alain Badiou, ou do doxômano como anti-sociólogo, por Pierre Bourdieu, diz respeito a esse corte ideal entre verdade e opinião, do qual o filósofo-rei ou o sociólogo-rei seriam as garantias.

Hoje, assim como anteriormente, sofistas e doxômanos estão ligados ao mercado e ao comércio das imagens. A necessidade de seduzir a opinião da qual se alimentam é sempre carregada de tentações demagógicas. Ela flerta com a

---

[11] Ernesto Laclau, "Identity and hegemony", cit., p. 58.

aparência e com o inautêntico. Trai uma subjetividade adulterada, desinteressada de tudo, que perambula na praça barulhenta onde as mercadorias aliciadoras se expõem ao desejo e aos caprichos do freguês.

No entanto, o sofista é duplo. Muitas vezes venal e demagogo, ele é também o *alter* necessário do filósofo, o democrata que impõe limites ao despotismo da verdade dogmática. Como tecer, a partir das diferenças, um laço social sólido? E como conviver sem essa pluralidade constitutiva? Nessa história muito antiga, o filósofo e depois o sábio pretenderam eliminar, a serviço do legítimo saber, a opinião falsa, as pré-noções e os preconceitos. Jamais conseguiram escapar deles completamente. A verdade não é estranha ao senso comum. Mas o senso comum tem uma história: até recentemente uma crítica impertinente das hierarquias do saber, hoje mantém uma relação de concubinato notório com a ideologia dominante.

A política não é nem uma competência particular nem uma ciência exata. A democracia aposta no fato de que a soma das incompetências individuais pode constituir uma competência coletiva ou, pelo menos, a menor das incompetências. Não se pode, então, se abster da opinião sem arriscar o pesadelo de algum despotismo esclarecido. Thomas More pretendia estabelecer com ela uma relação nova, de "conduta indireta", capaz de forçar as resistências levando em conta suas objeções:

> Se você não pode extirpar radicalmente opiniões errôneas, isso não é motivo para se desligar da coisa pública. [...] Mais vale proceder indiretamente e se esforçar o quanto puder para recorrer à diplomacia, de modo que, se não conseguir obter uma boa solução, pelo menos tenha encaminhado a menos ruim possível. Pois, como todas as coisas seriam perfeitas se todos os homens não o são mais, o que não espero ver acontecer amanhã.[12]

De fato, a política não resulta de um saber científico, mas de um saber estratégico. Não obedece a uma verdade autoritária sem oponentes. Estabelece "relações de verdade" relativas a uma situação concreta. Põe em tensão verdade e opinião.

---

[12] Thomas More, *Utopia* (São Paulo, Martins Fontes, 2001).

Escólio 3.1

O fim das crenças místicas e das certezas absolutas não significa o desaparecimento de toda certeza relativa. O fato de as verdades serem relativas não significa que tudo seja possível ou permitido e que voltará o tempo dos mágicos: "O homem deve assumir sua finitude estabelecendo sua existência não como transitória e relativa, mas nela refletindo o infinito, ou seja, estabelecendo-a como absoluta"[13]. Pois

> o absoluto não é o ponto de vista de Deus sobre a história, é a maneira como cada homem e cada coletividade concreta vive sua história. Ao renunciar ao absoluto transcendente, você não cai na relatividade absoluta, você dá ao homem seu valor absoluto.[14]

A hipóstase da verdade resulta da cisão entre o sujeito e o objeto. Ela se reduz, então, a uma objetividade inerte: o que permanece quando a subjetividade é tirada do jogo. Hegel, ao contrário, entende o verdadeiro como sujeito e como devir. Aparece, assim, o núcleo temporal de um processo de verdade concebido não como adequação à coisa – correspondência fiel entre a realidade e seu conceito –, mas como devir-verdadeiro da própria coisa através do desenvolvimento de seus momentos.

Assim, parece concebível superar a oposição absoluta entre a verdade e o senso comum. No conhecimento dos fenômenos sociais, a verdade reveste a forma paradoxal de "verdades relativas" ou de "relações de verdade". Ela conhece graus de certeza e de probabilidade. Que a verdade tenha, em suma, uma história, permite evitar a oposição estéril entre dúvida e certeza: as certezas não são solúveis na dúvida e vice-versa.

---

[13] Simone de Beauvoir, *Por uma moral da ambigüidade* (Rio de Janeiro, Nova Fronteira, 2005).

[14] Jean-Paul Sartre, *Cahiers pour une morale,* cit., p. 437.

Para o existencialista ateu Jean-Paul Sartre (1905–1980), "o absoluto não é o ponto de vista de Deus sobre a história, é a maneira como cada homem e cada coletividade concreta vive sua história". Desenho de Loredano.

Fermata

A CORRENTE INFLAMADA DA INDIGNAÇÃO NÃO É SOLÚVEL NAS ÁGUAS MORNAS DA RESIGNAÇÃO CONSENSUAL

Como se reconhece nosso contemporâneo, o *homo resignatus*? Como se reconhecem nossos políticos bem moderados, os da direita do centro, da direita recentrada, assim como os da esquerda do centro, da esquerda recentrada? Como se reconhecem nossos intelectuais domésticos, especuladores da Bolsa ousados durante o dia e pregadores moralizantes durante a noite?

Por seus joelhos esfolados de tantas ajoelhações e genuflexões diante dos novos fetiches e dos velhos ídolos! Por suas costas curvas de tantos sapos engolidos e reverências vergadas diante do altar dos mercados! Por seu sangue gelado e por sua impassibilidade anfíbia diante da ordem impiedosa das coisas! Por sua soberba indiferença, de tantos acomodamentos e tantas renúncias consentidas!

Por que nós, que jamais fomos verdadeiramente modernos, deveríamos acordar de repente pós-modernos? Por que nós, que jamais fomos indiferentes, deveríamos nos descobrir de repente cínicos? Por que nós, que jamais renunciamos a rir de tudo – mas não com qualquer pessoa –, deveríamos a partir de agora nos contentar em zombar de nada?

Além da modernidade e da pós-modernidade, resta-nos a força irredutível da indignação, que é exatamente o contrário do hábito e da resignação. Mesmo que ainda se ignore o que poderia ser a justiça do justo, resta a dignidade e a incondicional recusa da injustiça.

A indignação é um começo. Uma maneira de se levantar e de entrar em ação. É preciso indignar-se, insurgir-se e só depois ver no que dá. É preciso indignar-se apaixonadamente, antes mesmo de descobrir as razões dessa paixão.

Estabelecer-se os princípios antes de serem calculados os interesses e as oportunidades: "Que fosses frio ou quente, mas porque és morno, não és frio nem quente, eu te vomitarei da minha boca!"[1].

---

[1] Apocalipse de são João, 3, 15-16.

Sobre o autor

Daniel Bensaïd, filósofo e ativista político francês, nasceu em 1946, em Toulouse.

Teórico do movimento trotskista, foi um dos participantes mais destacados do Maio de 1968, como militante da Juventude Comunista Revolucionária (JCR). Após a fusão da JCR com o Partido Comunista Internacionalista, em 1969, que deu origem à Liga Comunista Revolucionária (LCR), Bensaïd entra para seu diretório político.

É membro do secretariado da IV Internacional e professor de Filosofia da Universidade de Paris VIII.

Entre suas obras destacam-se:

Mai 1968, une répétition générale. Paris, F. Maspero, 1968. (com Henri Weber)
Le deuxième souffle?: problèmes du mouvement étudiant. Paris, F. Maspero, 1969.
La révolution et le pouvoir. Paris, Stock, 1976.
L'anti-Rocard ou les haillons de l'utopie. Paris, La Brèche, 1980.
Stratégie et parti. Montreuil, Presse Édition Communication-La Brèche, 1987.
Moi, la révolution: remembrances d'une bicentenaire indigne. Paris, Gallimard, 1989.
Walter Benjamin sentinelle messianique: à la gauche du possible. Paris, Plon, 1990.
Jeanne de guerre lasse. Paris, Gallimard, 1991.
La discordance des temps: essais sur les crises, les classes, l'histoire. Paris, Éd. de la
    Passion, 1995.
Marx l'intempestif: grandeurs et misères d'une aventure critique, XIXe-XXe siècles.
    Paris, Fayard, 1995. [Ed. bras.: *Marx, o intempestivo: grandezas e misérias de
    uma aventura crítica*. Rio de Janeiro, Civilização Brasileira, 1999.]
Le pari mélancolique: métamorphoses de la politique, politique des métamorphoses.
    Paris, Fayard, 1997.

Lionel, qu'as-tu fait de notre victoire?: leur gauche et la nôtre. Paris, A. Michel, 1998.

Contes et légendes de la guerre éthique. Paris, Textuel, 1999.

Qui est le juge?: pour en finir avec le tribunal de l'histoire. Paris, Fayard, 1999.

Éloge de la résistance à l'air du temps. Paris, Textuel, 1999.

Le sourire du spectre: nouvel esprit du communisme. Paris, Michalon, 2000.

Marxismo, modernidade e utopia. São Paulo, Xamã, 2000. (com Michael Löwy)

Les irréductibles: théorèmes de la résistance à l'air du temps. Paris, Textuel, 2001.

Passion Karl Marx: les hiéroglyphes de la modernité. Paris, Textuel, 2001.

Résistances: essai de taupologie générale. Paris, Fayard, 2001.

Les trotskysmes. Paris, Presses Universitaires de France, 2002.

Un monde à changer: mouvements et stratégies. Paris, Textuel, 2003.

Le nouvel internationalisme: contre les guerres impériales et la privatisation du monde. Paris, Textuel, 2003.

Une lente impatience. Paris, Stock, 2004.

Fragments mécréants: sur les mythes identitaires et la république imaginaire. Paris, Lignes, 2005.

Les dépossédés: Karl Marx, les voleurs de bois et le droit des pauvres. Paris, La Fabrique, 2007.

Un nouveau théologien: Bernard-Henri Lévy. Paris, Lignes, 2007. (*Fragments mécréants 2*).

Éloge de la politique profane. Paris, A. Michel, DL, 2008.

OUTROS TÍTULOS DA BOITEMPO EDITORIAL

De que lado você está?
GUILHERME BOULOS
Posfácio de **André Singer**
Orelha de **Leonardo Sakamoto**

Estado e burguesia no Brasil
ANTONIO CARLOS MAZZEO
Orelha de **Evaldo Amaro Vieira**
Quarta capa de **José Paulo Netto**

A luta de classes
DOMENICO LOSURDO
Tradução de **Silvia De Bernardinis**
Orelha de **José Luiz Del Roio**

Paris, capital da modernidade
DAVID HARVEY
Tradução de **Magda Lopes**
Revisão técnica de **Artur Renzo**
Orelha de **João Sette Whitaker Ferreira**
Quarta capa de **Gilberto Maringoni**

📖 COLEÇÃO TINTA VERMELHA

*Bala perdida: a violência policial no Brasil e
os desafios para a sua superação*
JEAN WYLLYS, MARIA RITA KEHL,
STEPHEN GRAHAM ET AL.
Apresentação de **Guaracy Mingardi**
Quarta capa de **Marcelo Freixo**

📖 COLEÇÃO MARX/ENGELS

*Anti-Dühring: a revolução da ciência
segundo o senhor Eugen Dühring*
FRIEDRICH ENGELS
Tradução de **Nélio Schneider**
Apresentação de **José Paulo Netto**
Orelha de **Camila Moreno**

📖 COLEÇÃO ESTADO DE SÍTIO
Coordenação de Paulo Arantes

Mal-estar, sofrimento e sintoma
CHRISTIAN INGO LENZ DUNKER
Prefácio de **Vladimir Safatle**
Orelha de **José Luiz Aidar Prado**

📖 COLEÇÃO MARXISMO E LITERATURA
Coordenação de Leandro Konder

A cidade das letras
ÁNGEL RAMA
Tradução de **Emir Sader**
Prefácio de **Mario Vargas Llosa**
Apresentação de **Hugo Achugar**
Orelha de **Flávio Aguiar**
Quarta capa de **Antonio Candido**

Revolta e melancolia
MICHAEL LÖWY E ROBERT SAYRE
Tradução de **Nair Fonseca**
Orelha de **Marcelo Ridenti**

📖 COLEÇÃO MUNDO DO TRABALHO
Coordenação de Ricardo Antunes

A montanha que devemos conquistar
ISTVÁN MÉSZÁROS
Tradução de **Maria Izabel Lagoa**
Prefácio de **Ivana Jinkings**

📖 COLEÇÃO CLÁSSICOS BOITEMPO

Tempos difíceis
CHARLES DICKENS
Tradução de **José Baltazar Pereira Júnior**
Orelha de **Daniel Puglia**
Ilustrações de **Harry French**

📖 LITERATURA

Hereges
LEONARDO PADURA
Orelha de **Eric Nepomuceno**

Luiz Carlos Prestes
ANITA LEOCADIA PRESTES
Orelha de **José Luiz Del Roio**
Quarta capa de **Fernando Morais**

Esta obra foi composta em AGaramond
Pro, com títulos em Trajan, e reimpressa na
gráfica Sumago, em papel Avena 80 g/m²,
para a Boitempo, em março de 2016, com
tiragem de 800 exemplares.